ESQUISSES

DE

PHILOSOPHIE CRITIQUE

PAR

A. SPIR

AVEC UNE PRÉFACE

Par A. PENJON

Professeur à la Faculté des lettres de Douai

PARIS

ANCIENNE LIBRAIRIE GERMER-BAILLIÈRE ET Cie

FÉLIX ALCAN, ÉDITEUR

108, BOULEVARD SAINT-GERMAIN, 108

1887

ESQUISSES

DE

PHILOSOPHIE CRITIQUE

OUVRAGES DU MÊME AUTEUR

GESAMMELTE SCHRIFTEN. Leipzig, J.-O. Findel, édit., 4 vol. in-8°, 1884-1885.

    1er et 2e vol. **Denken und Wirklichkeit** (Pensée et réalité), 3e édit.

    3e vol. **Schriften zur Moralphilosophie** (Morale et droit).

    4e vol. **Schriften vermischten Inhalts** (Mélanges).

Hors de ce recueil, brochures (même éditeur) :

Sinn und Folgen der modernen Geistesströmung (Sens et suite du courant de la pensée moderne), 1878.

Ueber Idealismus und Pessimismus. Zwei populäre Aufsätze (Idéalisme et pessimisme. Deux articles populaires), 1879.

Johann Gottlieb Fichte nach seinen Briefen (J.-G. Fichte d'après sa correspondance), 1879.

ESQUISSES

DE

PHILOSOPHIE CRITIQUE

PAR

 A. SPIR

AVEC UNE PRÉFACE

PAR A. PENJON

Professeur à la Faculté des lettres de Douai

Σκιᾶς ὄναρ ἄνθρωπος.

(Pind.)

PARIS

ANCIENNE LIBRAIRIE GERMER-BAILLIÈRE ET Cⁱᵉ

FÉLIX ALCAN, ÉDITEUR

108, BOULEVARD SAINT-GERMAIN, 108

1887

PRÉFACE

———

L'auteur de ce petit volume n'est pas un inconnu chez nous. Tous ceux qui s'inquiètent des manifestations si variées de la pensée philosophique à l'étranger ont au moins quelque notion de sa doctrine. Son grand ouvrage, *Pensée et réalité*, dont il publiait récemment la troisième édition, n'avait point passé inaperçu [1] ; mais il est écrit en allemand, et c'est une langue dont l'usage n'est pas encore très familier même à nos philosophes.

M. Spir s'adresse cette fois au public français : il a pensé que si ses théories contiennent quelque vérité et offrent quelque intérêt, cet intérêt,

———

[1] La deuxième édition de cet ouvrage avait paru en 1877. V. la *Critique philosophique*, 31 octobre 1878, et la *Revue philosophique*, mai 1879.

cette vérité, n'échapperont pas à des lecteurs
épris avant tout de clarté et de précision, et il a
composé pour nous, directement en français,
ces *Esquisses de philosophie critique.* — Je dois
à un heureux hasard l'honneur de présenter à
mes compatriotes l'auteur et son œuvre nouvelle.

Malgré la préférence qu'il avait donnée jusqu'à présent à la langue de Kant, M. Spir
n'est pas Allemand. Il est né, en 1837, dans la
Russie méridionale. Il entra fort jeune à l'école
des aspirants de marine de Nicolaïev. Mais la
faiblesse de sa constitution et son goût prononcé déjà pour les recherches auxquelles il
s'est depuis consacré tout entier, le firent bien-
tôt renoncer à cette carrière. Après un premier
voyage d'études en Allemagne, il s'expatria
définitivement en 1867, habita successivement
Leipzig et Stuttgard, et vint en Suisse, où il
demeure encore aujourd'hui. Ces vingt années
de séjour hors de son pays ont dû contribuer
beaucoup au développement de sa pensée; elles
n'en ont certainement pas modifié la physiono-
mie primitive Son origine, comme on le verra,
se trahit, en effet, à certains traits de parenté

avec ces romanciers russes, si goûtés en France depuis quelque temps ; elle se manifeste aussi par cette facilité merveilleuse à s'assimiler les langues étrangères, qui nous permet d'emblée, et en dépit de certaines inexpériences, de comp-ter M. Spir au nombre de nos écrivains. Sa phrase est généralement nette et bien frappée, son style a quelque chose de vigoureux et de décidé, qui ne peut manquer de faire sur le lec-teur une vive impression.

Sa doctrine a les mêmes caractères de vigueur et de décision. Ce n'est pas une nouvelle hypo-thèse métaphysique ; elle ne vise pas à *expliquer* les faits, mais à les *constater* exactement et à en déduire les conséquences logiques. Elle s'ins-pire de la nécessité philosophique et sociale de rétablir, en un temps où les autorités exté-rieures ont diminué leur crédit, l'autorité de la conscience morale et de la raison.

Trois propositions la résument : 1° les choses de ce monde ne sont pas des êtres véritables ; 2° elles sont constituées, et le moi lui-même aussi bien que les objets du monde extérieur, par une *illusion* qui les fait apparaître comme conformes à la loi de notre pensée, c'est-à-dire

comme des substances ; 3° leur essence véritable
est en dehors de l'expérience, et en complète
opposition avec leur manière d'être empirique.
Cette illusion qui constitue le monde physique
et nous constitue nous-mêmes en tant qu'individus, et dont nos sensations sont les seuls éléments, est inexplicable : il faut se borner à la
reconnaître comme un fait. Si le monde n'existait pas — qu'on me pardonne la singularité de
cette réflexion — la philosophie se serait bien
gardée de l'inventer ; car il n'est pour elle qu'une
énigme insoluble, ou, si nous ne savons pas
résister à la tentation, le prétexte de discus-
sions interminables et à jamais stériles. Mais
découvrir le caractère trompeur des apparences
sensibles et de notre propre individualité, c'est
proclamer l'existence nécessaire d'une réalité
absolue, inconditionnée, au delà des prises de
l'expérience, où la raison et le cœur seuls
peuvent atteindre.

Jamais la *vanité* de ce monde (pour employer
le langage de l'Ecclésiaste) n'avait été prouvée
avec tant de force, et, sur ce point, M. Spir
rivalise avec les sectateurs du Bouddha ou les
disciples de Schopenhauer. Mais, tandis que ces

profonds penseurs n'ont vu que cette vanité des
choses et concluent à l'espoir du Nirvâna ou au
suicide, le philosophe russe, à la suite de Platon,
fait éclater l'évidence du Réel, de la chose en
soi, du *Noumène*, et il y trouve la raison de
mener une vie active et de tendre à la perfection. Pour la première fois, le pessimisme se
présente comme une doctrine virile.

De cette opposition entre l'illusion où nous
sommes plongés, mais au-dessus de laquelle
nous pouvons et devons nous élever, et l'absolu que nous concevons et sentons, se déduit la solution des principaux problèmes qui,
de tout temps, ont troublé et troublent encore l'humanité. On en trouvera dans les pages
suivantes plusieurs exemples. Le but et l'objet
de la philosophie y sont définis, et ses limites,
l'étendue aussi de son domaine, marquées avec
plus de netteté, si je ne me trompe, qu'on ne
l'avait jamais fait. Le problème si important de
la liberté, celui des rapports de l'âme et du
corps, y sont débrouillés et éclaircis. La question sociale elle-même est abordée; mais la
solution indiquée n'est pas, je crois, pour plaire
aux nihilistes d'aucun pays. Dira-t-on qu'elle est

chimérique? Elle ne l'est pas plus, en somme,
que l'espérance de voir arriver sur la terre le
règne de Dieu.

Quelques réserves que l'on puisse faire — et
j'en aurais à faire tout le premier — sur certains passages, personne ne méconnaîtra l'originalité, la valeur scientifique, la haute portée
morale de ce petit livre. Si telle ou telle déduc-
tion y paraît un peu écourtée, on voudra bien
se rappeler que ces *Esquisses* ont reçu, dans
les œuvres allemandes de l'auteur, leur développement systématique. Et, d'un autre côté, si
quelques théories semblent, au premier abord,
paradoxales, je prie qu'on ne se hâte pas de les
condamner : la philosophie, de sa nature, est
destinée à prendre parfois un air de paradoxe ;
quelles seraient sa raison d'être et son utilité,
si elle n'était jamais en désaccord avec le sens
commun ?

Pour les objections que cette doctrine elle-
même peut provoquer, ce n'est pas ici le lieu de
les rechercher. Mon vœu le plus sincère, et je ne
puis mieux exprimer à M. Spir ma respectueuse
sympathie, est que ce petit livre soulève, de
par le monde, la discussion que mérite l'œuvre

de tout penseur sérieux et convaincu. C'est aussi son plus vif désir : « Je ne souhaite rien tant, m'écrivait-il récemment, que de savoir ce qu'on peut objecter en France à ces doctrines. Comme le brigand qui crie au passant : La bourse ou la vie ! je voudrais menacer d'un pistolet — non chargé, mais sans qu'on le sût — tout homme pensant et lui dire : Réfute ces théories, ou reconnais-les pour vraies ! » — Mais j'en ai trop dit : on saura que le pistolet de M. Spir n'est pas chargé.

A. P.

Douai, le 5 février 1887.

ESQUISSES

DE

PHILOSOPHIE CRITIQUE

PREMIER ARTICLE

CONSIDÉRATIONS SUR LE BUT ET L'OBJET
DE LA PHILOSOPHIE

———————

La philosophie se trouve dans cette situation
étrange, qu'on n'est pas même d'accord sur le but
et l'objet de ses recherches, sur la nature des
connaissances qu'elle doit nous procurer. Non
seulement la philosophie n'existe donc pas comme
science, mais on ne sait pas même au juste quelle
espèce de science elle doit être. Cependant la plupart de ceux qui s'occupent de philosophie sont-ils
peut-être d'accord sur ce point : qu'elle doit recher-

cher les notions les plus élevées et les plus universelles, constituer une synthèse des sciences particulières, et, de nos jours, plusieurs sont enclins à
croire qu'on peut arriver à une telle synthèse au
moyen des seules données de l'expérience. Si la
philosophie pouvait être érigée sur cette base, elle
se bornerait au monde de l'expérience, elle ne
ferait qu'exposer les lois les plus universelles de
la liaison des objets et des phénomènes empiriques. Mais c'est un fait avéré que l'esprit humain
ne veut ou ne peut pas se contenter du monde de
l'expérience ; qu'il tend, dans sa pensée, à le dépasser ; et d'aucuns sont d'avis que la propre tâche
de la philosophie est précisément de rechercher la
raison de cette tendance de l'esprit humain. Voilà
donc deux opinions différentes, et en quelque
sorte incompatibles, sur le but et l'objet de la
philosophie.

Dans ce qui suit, on se propose d'examiner la
supposition que la philosophie peut être une
science purement empirique, qu'on peut obtenir
une synthèse générale des sciences au moyen des
seules données de l'expérience. Le résultat de
cet examen, dût-il même être négatif, ne sera pas
sans utilité ; car la preuve claire et certaine de
l'impossibilité de concevoir la liaison générale des
choses au moyen des seules données de l'expérience peut épargner bien du travail mental inutile,
et contribuer quelque peu à dissiper les ténèbres

qui offusquent la pensée philosophique. La solution définitive d'une telle question aurait du prix
par cela seul qu'elle serait définitive.

I

Notre expérience se divise, comme on le sait, en
deux domaines distincts : nous avons une expérience intérieure et une expérience extérieure ;
nous nous connaissons nous-mêmes et nous connaissons un monde des corps qui nous est étranger
et extérieur. L'expérience montre aussi que la vie
psychique ou spirituelle, qui nous est propre, est
liée à certains organes matériels, et ne se rencontre jamais en leur absence. Pour la simple
constatation de cette liaison du spirituel avec le
matériel, pas n'est besoin de philosophie, et ceux-
là s'abusent étrangement qui, en faisant de la
physiologie cérébrale, croient faire de la philosophie. Si une philosophie purement empirique
est possible, elle doit nous faire concevoir cette
liaison au moyen des seules données de l'expérience, c'est-à-dire qu'elle doit montrer comment,
de la nature même de certaines combinaisons et
fonctions matérielles, résultent les phénomènes de
la vie psychique ou spirituelle. Il faut donc examiner ce que l'expérience nous apprend sur la
nature des objets et des événements matériels.

C'est un grand bonheur pour nous que la science expérimentale soit parvenue elle-même à mettre en lumière, d'une manière définitive, la nature des objets et des phénomènes matériels, car il nous est dès lors possible, à nous aussi, de résoudre notre problème d'une manière définitive. Ce résultat a été atteint par la découverte de l'équivalent mécanique de la chaleur et de la loi de la conservation de la force. Une étude approfondie des faits a démontré que, dans le monde matériel, il n'y a pas différentes forces; que ce que l'on tenait auparavant pour des forces particulières ne sont que des modifications du mouvement. Le mouvement mécanique peut se transformer en lumière et en chaleur, en électricité et en action chimique; la chaleur peut, de son côté, être transformée soit en mouvement mécanique, soit en électricité, soit en action chimique; de même, l'électricité peut se métamorphoser en mouvement mécanique, en chaleur et en action chimique. Dans toutes ces transformations, la quantité de l'énergie reste toujours la même : autant on en a dépensé sous la forme de mouvement mécanique, autant on en gagne sous la forme de chaleur, ou d'électricité, ou d'action chimique, et réciproquement.

Il est donc prouvé expérimentalement que, dans le monde des corps, il n'y a point d'autres forces que des forces motrices, et qu'il ne s'y produit que des mouvements et des transmissions de mouvements d'un corps à un autre. De cette manière, la science de la nature est amenée par le résultat de ses recherches à tout expliquer mécaniquement dans le monde des corps.

D'après ce résultat, les corps n'ont point de qualités, à proprement parler, et ne diffèrent pas qualitativement les uns des autres. Cette proposition semble être contredite par le fait qu'il y a des substances chimiques différentes ; mais une différence qualitative de ces substances n'existe que dans notre perception. Considérés en soi, indépendamment de notre perception, l'action et les effets de toutes les substances chimiques sont les mêmes : des mouvements et des transmissions de mouvements, parce que, dans le monde matériel, il n'y a point d'autres effets possibles.

C'est donc là le résultat définitif de la science. Aucune découverte future ne pourra rien changer à ce résultat, car elle devrait renverser des vérités établies, et particulièrement la loi de la conservation de la force, ce qui n'est pas possible. Cette notion est, par conséquent, acquise pour tous les temps, que, dans le monde matériel, il n'y a point d'autres événements que des mouvements et des transmissions de mouvements.

Or, qu'est-ce que le mouvement ? Un changement de lieu ou, d'une manière plus précise, de la position réciproque des corps dans l'espace. Tout ce qui peut arriver dans le monde des corps se réduit donc à ceci : que les corps varient leurs positions réciproques, qu'il se fait un changement dans leurs distances et leurs groupements, que ce qui était à gauche vient à droite, *et vice versa*, que ce qui était en bas monte, et ce qui était en haut descend. Aucun événement, dans le monde matériel, n'est donc de nature intérieure, et ne peut produire un changement dans les corps eux-mêmes, les corps proprement dits, les éléments primordiaux de la matière étant par leur nature invariables.

Il faut même supposer que les mouvements des corps leur sont indifférents et, pour ainsi dire, étrangers, et qu'ils ne dérivent pas de leur propre nature. Car si un mouvement était propre ou inhérent à un corps, il ne pourrait pas en être séparé et transmis à un autre corps : la communication du mouvement serait impossible. En voulant tout expliquer mécaniquement, la science moderne obéit précisément à la tendance de n'admettre, dans le monde matériel, que des mouvements, et de considérer le mouvement lui-même comme un état des corps qui ne leur est pas propre ou inhérent, qui leur est communiqué du dehors, et qu'ils peuvent transmettre à d'autres corps. Car c'est à ce point de vue seulement que les lois mécaniques — la loi d'inertie, la loi de la communication du mouvement, etc. — sont valides.

Mais dès qu'on a reconnu que, dans le monde des corps, il ne peut se produire que des mouvements, et que les mouvements eux-mêmes sont indifférents et comme étrangers aux corps mus, il devient évident que les phénomènes de la vie psychique ou spirituelle : les sensations, les pensées, les volitions, etc., ne peuvent jamais être expliqués par la nature des corps et de leurs fonctions. Qu'un atome se trouve à droite ou à gauche d'un autre, qu'ils s'approchent ou s'éloignent l'un de l'autre avec une vitesse plus ou moins grande, cela et, en général, tout ce qui peut arriver dans le monde matériel ne contient aucune raison concevable pour que quelque chose de tout à fait différent, comme une sensation ou une idée, se produise. Une communauté de nature entre le spirituel et le matériel, entre un sentiment ou une pensée et un changement de lieu d'atomes quelconques dans l'espace, ne peut être conçue ni admise, même à titre d'hypothèse. La dépendance de la vie spirituelle par rapport aux substances et aux fonctions matérielles ne peut donc être expliquée par aucune philosophie dérivée des seules données de l'expérience; c'est-à-dire que la philosophie, dans le sens d'une synthèse générale des sciences, ne peut pas être dérivée ou déduite des seules données de l'expérience. Cela ne souffre plus de doute depuis que la loi de la conservation de la force a été décou-

verte, et qu'il a été constaté que les corps ne possèdent point de qualités et ne peuvent produire
que le mouvement.

La thèse développée dans les lignes précédentes
a déjà été soutenue par M. Du Bois Reymond
dans son remarquable discours sur les limites
de la connaissance de la nature [1], et a rencontré
beaucoup de contradicteurs. Comment a-t-on pu
en méconnaître ainsi l'évidence ? La cause principale en est, assurément, dans l'opinion si
répandue, même de nos jours, que la nature intime des corps nous est encore inconnue, mais
qu'elle pourra être mise en lumière dans un avenir
plus ou moins éloigné, et qu'il deviendra alors
possible d'expliquer la vie spirituelle par des
fonctions matérielles. Cette opinion repose cependant elle-même sur un malentendu : on ne peut pas
connaître un objet et, en même temps, en ignorer
la nature ; car la nature d'un objet est l'objet
lui-même. Depuis des siècles déjà, le monde des
corps est l'unique objet des investigations de toutes
les sciences expérimentales, et la nature des corps
nous resterait encore inconnue ? Ce serait un
contresens. La science de la nature est parvenue,
en fait, à un résultat définitif à cet égard, depuis
qu'elle a constaté que les corps n'ont point de

---

[1] *Ueber die Grenzen des Natur-Erkennens.* Leipzig, 1872;
5° éd., 1882.

qualités et ne peuvent produire que le mouvement. La nature des corps nous est, dès lors,
complètement révélée, et aucun progrès ultérieur
n'est plus possible dans cette direction. Avant
les dernières découvertes, on pouvait encore supposer, au moins avec un semblant de raison, que
la matière possède des propriétés ou des forces
d'une nature inconnue *(des qualités occultes)*; mais
la loi de la conservation de la force une fois
reconnue, dès que l'on sait qu'il n'y a, dans la
nature, qu'une seule et même force dont la quantité reste toujours constante, on ne peut plus
attendre aucune révélation nouvelle sur la nature
des corps.

On n'ignore pas non plus que le résultat obtenu
par voie expérimentale peut aussi se déduire *à
priori* du concept même du corps comme objet
étendu, remplissant un espace, et que cette déduc-
tion a déjà été faite il y a longtemps. Pour ne pas
remonter au delà, Descartes avait enseigné que les
corps n'ont point de qualités et ne peuvent produire
que le mouvement. En effet, les propriétés fondamentales, ou, comme on les appelle, les qualités
premières de la matière : l'étendue et la figure,
l'impénétrabilité, la divisibilité, la mobilité et
l'inertie, sont reconnaissables à première vue et
constituent la propre nature de la matière, qui est,
par conséquent, bien loin de nous être inconnue.
Tous les progrès de la science physique tendent

1*

précisément à démontrer que la matière n'a point
d'autres qualités ; car les progrès de la théorie
scientifique consistent à tout expliquer mécaniquement, c'est-à-dire à ramener toutes les actions des
corps au mouvement. La nature de la matière est
donc constatée par une double voie, et l'impossibilité d'en déduire les phénomènes de la vie spirituelle, établie pour tous les temps.

Mais, au fond, pour décider notre question, on
n'a pas même besoin de toutes les considérations
précédentes ; l'impossibilité d'expliquer la vie spirituelle par des causes matérielles peut être dé-
montrée, et plus brièvement, par cette simple
considération, que nous reconnaissons expressé-
ment le monde des corps comme un monde étranger
et extérieur à nous. Celui qui entreprend de faire
dériver notre vie intime, spirituelle, des données
et conditions matérielles, doit donc prouver que
ce qui m'est étranger ne m'est pas étranger, que
je suis moi-même ce que je reconnais comme un
objet extérieur, et cela implique une contradiction
dans les termes. Car quelle que soit d'ailleurs la
nature de la matière, il est hors de doute que la
matière est précisément ce que je ne suis pas, et
qu'on a raison, par suite, de la désigner comme le
non-moi. Il y a, il est vrai, des personnes qui veulent considérer la différence du moi et du non-moi
comme une différence simplement phénoménale,
reposant sur une unité commune à l'un et à l'autre ;

mais en faisant cette supposition, on quitte le terrain de l'expérience, on se meut en pleine métaphysique et tout à fait à côté de la question. Car il s'agit pour nous du fait que la liaison du spirituel et du matériel, du moi et du non-moi, est inexplicable par les seules données de l'expérience, et contre ce fait des hypothèses ne peuvent pas prévaloir. Il ne suffit pas d'affirmer, sans preuve, que le moi et le non-moi sont au fond identiques ; il faut montrer leur unité dans leurs natures divergentes ; il faut faire voir que le moi et le non-moi sont au fond la même chose, c'est-à-dire que je suis ce que je ne suis pas ou ce qui n'est pas moi. Or, personne n'a pu le faire voir ni ne le pourra jamais (1).

II

Si, maintenant, nous considérons notre nature et notre vie intime, psychique ou spirituelle, nous y rencontrons aussi des faits qui ne peuvent pas être expliqués par les seules données de l'expérience.

De tout temps, on a distingué de la psycho-

---

(1) Le fait fondamental est que nous avons deux genres différents d'expérience : l'expérience intérieure et l'expérience extérieure, et nous n'existons nous-mêmes qu'en nous distinguant de toute autre chose. Cette distinction est donc un fait primordial ; elle n'est pas susceptible d'être dérivée ou expliquée.

logie proprement dite deux autres sciences de
l'homme : la logique et l'éthique ou la morale.
Car on a toujours entrevu que la nature humaine contient, outre une partie physique qui est
l'objet de la psychologie dans le sens restreint
du mot, une partie non physique qu'on peut désigner, en général, comme la nature morale de
l'homme.

En quoi consiste et que signifie cette différence
ou cette dualité du physique et du moral dans
l'homme?

Cette différence peut, comme on sait, être brièvement énoncée ainsi : l'investigation physique
constate ce qui *est*; l'investigation morale, ce qui
doit être. L'homme est un être moral, élevé au-
dessus de la nature physique, par la notion qui lui
est propre, qu'il y a, dans la nature physique, des
choses qui ne doivent pas être, c'est-à-dire *qui
n'ont pas le droit d'exister* ou de se produire. Un
homme qui ne posséderait pas cette notion, au
moins en germe, ne serait pas supérieur à l'ani-
mal.

Mais tout, dans la nature, naît et existe suivant
des lois immuables, éternelles; comment donc
l'homme parvient-il à affirmer que quelque chose
qui est ou qui se produit ne doit pas être, n'a pas
le droit d'exister?

Evidemment, cela n'est possible que parce que
l'homme possède une *norme* qu'il n'a pas puisée

dans l'expérience, et suivant laquelle il juge les choses. Le fait que l'homme juge, qu'il condamne des choses existant dans la réalité, est donc lui-même la preuve qu'il possède en effet une telle norme. On ne peut pas dire qu'il n'a pas le droit de condamner quoi que ce soit, que tous les jugements pareils reposent sur des méprises ou des imaginations, parce que cela reviendrait à dire qu'il n'a pas le droit de juger absolument. Or, l'homme juge, c'est dans le jugement que se manifeste sa nature morale ; le fait de juger en implique donc le droit, et celui qui voudrait nier ce droit émettrait aussi un jugement sur ce qui doit être et ce qui ne doit pas être : il se réfuterait lui-même par le fait.

Certes, l'homme se trompe souvent dans ses jugements, mais cela n'empêche pas qu'il y ait, dans la nature, des choses qui ne doivent pas être. Ces jugements faux sont eux-mêmes des cas ou des exemples de ce qui ne doit pas être. L'existence de jugements faux ne prouve donc pas l'impossibilité, mais bien la possibilité des jugements vrais, par conséquent aussi la présence d'une norme ou de plusieurs normes qui leur servent de fondement.

Mais précisons mieux le problème. Qu'y a-t-il, dans la nature physique, qui soit sujet à condamnation, dont on puisse affirmer qu'il ne doit pas être ou n'a pas le droit d'exister ?

Notre nature a deux éléments distincts : d'une part, ce qui pense et connaît ; d'autre part, ce qui sent et veut en nous. Dans le domaine du sentiment et de la volonté, ce qui n'a pas le droit d'exister, c'est le mal et l'injustice. Dans le domaine de la pensée et de la connaissance, ce qui n'a pas le droit d'exister, c'est l'erreur et la déception, en général, le faux. Or, que faisons-nous quand nous condamnons, d'un côté, le mal et l'injustice, et, de l'autre côté, l'erreur et la déception, en niant leur droit à l'existence ? Nous constatons par là que le mal et le faux sont quelque chose d'anormal, c'est-à-dire d'opposé à la norme dont nous avons conscience. Notre conscience certifie donc l'existence, dans la réalité, d'une opposition radicale, essentielle, entre la norme et l'anomalie. Quoique, dans la nature physique, le bien et le mal, le vrai et le faux, soient mêlés et comme tissés ensemble, quoiqu'il soit souvent difficile de discerner ce qui est bon et ce qui est vrai, nous avons cependant la certitude que le bien et le mal, le vrai et le faux, sont, de leur nature, opposés, et ne peuvent pas procéder de principes communs. Sur cette certitude repo·sent la moralité et la possibilité de former des jugements.

Il y a deux espèces de jugements : le jugement logique et le jugement moral. Le jugement logique est une décision sur le vrai et le faux, et implique la négation ou la condamnation du faux. Le jugement moral est une décision sur le bien et le mal, sur le juste et l'injuste, et implique la condamnation du mal et de l'injustice. Il y a donc des normes logiques et des normes morales. Les normes logiques sont les lois d'après lesquelles nous *devons* penser, qui mènent à la pensée et à la connaissance vraies. Les normes morales sont les lois d'après lesquelles nous *devons* vouloir et agir, qui mènent à la volonté et à l'action bonnes et justes. Ces lois sont de nature tout à fait différente des lois physiques.

C'est ici le point d'où partent deux vues divergentes sur la nature des choses. Il s'agit ici d'une question qui concerne l'ontologie ou la métaphysique au même degré que la théorie de la connaissance et la morale. Si l'on suppose que nous puisons tout dans l'expérience, il faut aussi admettre que le monde de l'expérience, la nature physique, est la seule réalité, et que les lois physiques ou naturelles en sont les lois suprêmes : il faut donc nier la conscience et la nature morale de l'homme. Accorde-t-on, au contraire, que la nature physique renferme des choses qui sont anormales, qui ne doivent pas être, il faut alors admettre qu'il existe, dans la réalité, une opposition radicale, et que l'homme possède des normes élevées au-dessus du physique, les lois logiques et morales. *L'empirisme* est donc lié ou uni au *monisme*, commo, de l'autre côté, l'*apriorisme* est lié au *dualisme* (1).

Pour voir clair dans cette question, il faut faire abstraction de tout ce qui en a été dit avant nous, et ne considérer que les faits eux-mêmes, leur signification, et les conséquences logiques qui en découlent. Si l'homme n'avait rien en lui que ce qu'il aurait puisé dans l'expérience, si sa pensée et sa volonté étaient régies par les lois physiques exclusivement, il serait un être purement physique, non un être moral : il ne pourrait s'élever ni à la science ni à la moralité. Mais cette supposition est réfutée par le fait que l'homme est devenu un être moral, qu'il a créé la science et qu'il reconnaît la loi morale comme obligatoire pour lui. L'homme est intimement convaincu qu'il ne doit pas se laisser maîtriser par les lois physiques ou naturelles, qu'il est plutôt de son devoir de ne croire que le vrai, et de ne vouloir, de ne faire que le bien,

(1) Par *monisme* on entend ici la supposition qu'il n'y a qu'un genre de réalité, la réalité physique. La réalité physique contient cependant elle-même un dualisme, une différence irréductible à l'unité, celle du spirituel et du matériel, du moins dans l'hypothèse que la matière existe réellement. Le mot *dualisme* a donc deux sens distincts : il peut désigner une différence irréductible à l'unité, mais n'impliquant pas d'opposition, et il peut désigner une opposition essentielle ou radicale, comme celle du bien et du mal, du vrai et du faux. Il s'agit ici d'un dualisme de cette dernière espèce.

en dépit de toutes les lois et de tous les penchants naturels. L'homme peut se tromper dans son jugement sur ce qui est bon et ce qui est vrai, mais il ne se trompe pas dans sa conviction que le bien et le vrai ont seuls le droit d'exister, et qu'il y a, par conséquent, des normes immuables de ce qui doit être et de ce qui ne doit pas être. C'est par là que l'homme est un être moral.

Au contraire, la nature est immorale ; elle ne connaît pas l'opposition de la norme et de l'anomalie ; ou elle, tout existe avec un droit égal ; le bien et le mal, le vrai et le faux, y sont mêlés indistinctement. Aussi les lois naturelles de la pensée ne peuvent-elles pas conduire à la science, ni les lois naturelles de la volonté à la moralité. Au contraire, elles nous en éloignent, et c'est en luttant contre les penchants et les lois de sa nature physique que l'homme s'élève à la moralité et à la science. Que l'on songe aux luttes et aux efforts immenses qu'il en a coûté aux hommes pour constituer la science, la connaissance vraie des choses, et l'on verra combien est grande la force de déception dans la nature. Et, en ce qui concerne la moralité, on sait bien que l'humanité — à l'exception de quelques individus privilégiés — est peu avancée à cet égard : preuve frappante de la force avec laquelle les lois naturelles de la volonté s'opposent à la réalisation de la justice et de la moralité (1).

Il y a donc une liaison logique nécessaire entre la notion que l'homme possède des normes de la pensée et de la volonté qu'il n'a pas puisées dans l'expérience, et la notion qu'il existe un dualisme, une opposition radicale, entre la réalité empirique ou physique et la réalité supraphysique ou métaphysique, qui a un caractère purement moral. Que signifie, en effet, au fond, le fait que l'homme ne reconnaît que le bien et le vrai comme ayant droit à l'existence et obligatoires pour lui ; qu'il condamne, au contraire, le mal et le faux comme ne devant pas exister? Il reconnaît par là que le bien et le vrai sont seuls conformes à sa nature normale et à la nature normale des choses en général ; que le mal et le faux y sont, au contraire, opposés, et ne peuvent par conséquent pas en être dérivés. La nature physique, qui ne connaît pas l'opposition de la norme et de l'anomalie, en qui tout existe à droit égal et suivant les mêmes

___

(1) Stuart Mill a parfaitement relevé, dans son essai posthume, *Nature*, ce caractère immoral de la nature, et montré que tout perfectionnement de notre espèce était une conquête de l'homme sur cette même nature. Mais, alors qu'il sentait si fortement l'opposition du bien et du mal et l'indifférence de la nature à l'un et à l'autre, Mill n'a pas vu ce que cette opposition signifie. Il en a été empêché par sa doctrine, que nous tirons de l'expérience toutes nos connaissances, même les éléments de notre condamnation du monde de l'expérience. Mill était un de ces hommes rares, qui sont supérieurs aux théories qu'ils professent.

lois, se trouve donc, par cela même, en opposition avec notre conscience morale et avec le fondement que cette conscience a dans la réalité. La nature physique, parce qu'elle est immorale, est aussi anormale. On doit donc voir, dans la réalité supra-physique ou divine, non la cause ou la substance du monde physique, mais bien la nature normale des choses, qui est le bien et le vrai dans sa pureté, n'ayant pas d'attributs physiques ni rien de commun avec la nature physique des choses entachée de mal et de déception. L'homme seul est, en même temps, un être physique et un être moral; mais, précisément à cause de cela, il est en lutte avec lui-même. Nier l'opposition du moral et du physique serait donc nier ce qu'il y a de meilleur et de plus vrai dans la nature hu-maine. Une investigation approfondie des choses montrerait peut-être qu'il n'y a, dans ce monde, rien de véritablement bon ou d'inconditionnelle-ment vrai en dehors de la raison éclairée et de la volonté droite de l'homme.

III

Par les considérations précédentes, il a été dé-montré que la philosophie, comme synthèse géné-rale des sciences, ne peut être constituée au moyen des seules données de l'expérience; que ces données ne peuvent expliquer ni la liaison de la vie spirituelle avec certaines combinaisons et certaines fonctions matérielles, ni la dualité du physique et du moral dans l'homme. La présence d'un élément moral, non physique, dans l'homme, prouve en outre directement que l'homme possède des normes qu'il n'a pas puisées dans l'expérience, et que, par conséquent, l'hypothèse empirique, en philosophie, n'est pas soutenable.

Mais jetons encore, avant de finir, un regard sur notre problème.

Il y a des faits où la nature semble se jouer de nous. De cette espèce sont, par exemple, les phénomènes de la vie organique et la dépendance de notre vie spirituelle par rapport à certaines conditions matérielles.

Par l'observation et l'expérimentation, les physiologistes ont constaté que les mêmes forces agissent dans la nature organique et dans la nature inorganique, et que tout se produit suivant les mêmes lois physiques et chimiques dans l'une comme dans l'autre. Néanmoins chacun se rend bien compte que l'organisation et la vie ne peuvent être expliquées par les seules lois physiques et chimiques. Quand nous voyons, par exemple, que les deux liquides uniformes de l'œuf, sous certaines conditions et dans un laps de temps déterminé, se transforment en un oiseau parfait et vivant, on a beau nous avoir démontré que tout, dans cette transformation, se passe suivant les lois physiques et chimiques, personne ne croit que ces lois suffisent seules pour faire d'un œuf un oiseau. Aussi Claude Bernard a-t-il dit lui-même que « cette propriété évolutive de l'œuf, qui produira un mammifère, un oiseau ou un poisson, n'est ni de la physique ni de la chimie (1). » La nature apparaît donc ici comme une espèce de prestidigitateur qui sait cacher ses manipulations avec une habileté consommée, et quoique nous ne puissions pas la saisir en flagrant délit de fraude, nous disons avec l'abbé Galiani : « Les dés sont pipés. »

Un fait semblable est la dépendance de la vie psychique ou spirituelle par rapport aux fonctions matérielles. L'expérience physiologique démontre que les phénomènes de la vie psychique sont liés au fonctionnement de la substance cérébrale, en dépendent comme de leur cause. Néanmoins tout homme sensé voit bien qu'il serait absurde, de sa part, de croire que sa propre personnalité et tout le cours de sa vie, pendant lequel il s'apparaît toujours comme le même individu identique,

---

(1) Cl. Bernard, *la Science expérimentale*, Paris, 1878, p. 210. Un peu plus haut (p. 133), Cl. Bernard remarque très judicieusement que « quand il s'agit d'une évolution organique qui est dans le futur, nous ne comprenons plus cette propriété de matière à longue portée. L'œuf est un *devenir*, il représente une sorte de formule organique qui résume l'être dont il procède e dont il a gardé en quelque sorte le souvenir évolutif. »

puissent être expliqués par des fonctions quelconques d'un assemblage de matières qui se renouvelle
sans cesse, et qui est tout aussi étranger à sa nature intime que les matériaux qui forment Saturne
ou Sirius. On n'a pas pu constater directement en
quoi consiste l'action du cerveau, dont dépendent
les manifestations de la vie spirituelle — car
toute atteinte portée au cerveau dérange ou anéan-
tit la vie spirituelle, — mais on sait en général
qu'aucune fonction matérielle, y compris celles de
la substance cérébrale, ne consiste en autre chose
qu'en mouvements et en communications de mouvements. Or, de tels antécédents ne suffisent pas
pour expliquer même le plus simple phénomène
de la vie spirituelle : la sensation. A plus forte
raison sont-ils insuffisants pour rendre compte, en
entier, de la nature spirituelle de l'homme, qui
est si compliquée et, en même temps, simple ou
indivisible et identique avec elle-même, au moins
en apparence. Et quand nous constatons encore le
fait que la nature de l'homme contient des éléments qui n'ont rien de physique, qui l'élèvent
au-dessus de la nature physique, alors il devient
évident que les seules données de l'expérience ne
suffisent pas pour rendre possible la philosophie,
c'est-à-dire la compréhension véritable et la connaissance suivie des choses.

Comment la philosophie peut-elle donc se constituer ?

Si l'on réussissait à mettre en lumière la norme ou loi fondamentale de la pensée, on parviendrait peut-être à constituer une philosophie capable de procurer la compréhension véritable des choses, pour autant du moins que les choses peuvent être comprises, et d'expliquer même la liaison du spirituel avec le matériel, autant qu'un objet de ce monde peut être expliqué. Dans tous les cas, la philosophie ne peut être érigée sur aucune autre base, parce que, en dehors de la norme de la pensée et des données de l'expérience, il n'y a rien qui puisse lui servir de fondement.

DEUXIÈME ARTICLE

SUITE DU MÊME SUJET

I

Dans l'article précédent, je crois avoir démontré que la philosophie ne peut pas être une synthèse générale des sciences fondée sur les seules données de l'expérience. La question touchant le but et l'objet de la philosophie reste, par conséquent, encore indécise. Si, maintenant, on me demande quelles sont mes propres vues sur le but et l'objet de la philosophie, je peux répondre en peu de mots ; mais pour motiver ce que j'ai à dire, je dois entrer dans quelques développements qui ne seront pas, du reste, je l'espère, dénués d'intérêt pour les personnes d'un esprit philosophique.

Le but de la philosophie est la connaissance vraie des choses. C'est là, dira-t-on, le but de toute science et non de la philosophie seule. Certaine-

2

ment, mais il y a vérité et vérité. Le but de la philosophie est la vérité absolue, la vérité dans le sens strict du mot, c'est-à-dire la connaissance des choses comme elles sont réellement. Une philosophie différente des sciences d'expérience n'est possible et nécessaire que parce que l'expérience ne nous présente aucune connaissance qui soit vraie inconditionnellement ; car toute notre expérience repose sur une déception (1) systématiquement organisée. C'est ce que je dois montrer, ou au moins faire entrevoir, ici, à l'égard de l'expérience extérieure.

Voici d'abord un fait indubitable : notre expérience extérieure, qui nous présente un monde des corps dans l'espace, pourrait être exactement telle qu'elle est, quand même il n'y aurait pas de corps en réalité. Pour rendre possibles nos perceptions des corps, il suffit que ces perceptions soient produites dans le même ordre et suivant les mêmes lois qu'à présent, *quelle qu'en soit du reste la cause.*

On sait que Descartes avait déjà entrevu ce fait. Descartes n'a admis l'existence des corps en dehors de nous que parce qu'il croyait que Dieu fait ou produit tout, et que Dieu est véridique. Mais — c'est ce qui a échappé à Descartes — la supposition qu'il y a, en dehors de notre expérience, des corps

(1) Le mot *déception* est pris dans le sens étymologique et actif de *tromperie.*

qui correspondent à nos perceptions ne suffit pas
pour sauver la véracité de Dieu. Car il n'en reste
pas moins le fait que notre expérience renferme
une déception, puisque ce sont nos sensations elles-
mêmes qui nous apparaissent comme des corps dans
l'espace. Qu'il y ait des corps réels correspondant
à nos perceptions ou non, cela ne change rien à la
chose ; car les corps réels que l'on suppose par
manière d'hypothèse ne sont pas les corps que
nous percevons, ou que nous croyons percevoir,
directement.

Si Dieu produit nos perceptions, les corps
supposés réels n'en peuvent être (comme l'ont
enseigné les disciples de Descartes) que les « causes
occasionnelles, » c'est-à-dire ne font que fournir à
Dieu l'occasion de produire les perceptions corres-
pondantes. Mais comme Dieu devrait produire
lui-même ces occasions ou causes occasionnelles,
en même temps que les perceptions correspon-
dantes, il pourrait tout aussi bien s'en passer, n'en
ayant nul besoin. La supposition de corps réels
situés en dehors de notre expérience est insuffi-
sante et inutile à tous les égards, quand on a
constaté que ces corps supposés n'ont aucune part
active dans la production de nos perceptions.

La confusion de la pensée, dans cette question,
provient de ce qu'on veut attribuer à nos perceptions une vérité absolue, tout en constatant qu'elles
renferment une déception. Cette confusion a été

reproduite, de nos jours, par M. Taine, dont la
doctrine est sans doute familière aux lecteurs.
Suivant M. Taine, la perception extérieure est
« une hallucination vraie. » Pour bien juger cette
proposition, il faut la décomposer en deux autres :
1° que notre perception extérieure est une *hallucination*, et 2° qu'elle est une hallucination *vraie*.

La première de ces propositions a été rendue
évidente par M. Taine, dans son ouvrage *De l'intelligence*, avec assez de force et de développement
pour que je puisse me dispenser d'en donner ici
la démonstration. Il est hors de doute que nos
perceptions « vraies » ne diffèrent pas, par leur
nature même, des hallucinations, puisque dans
les perceptions vraies, de même que dans les
hallucinations, ce sont nos propres sensations, les
impressions de nos sens, qui nous apparaissent
comme des corps dans l'espace. Les hallucinations
et les autres illusions des sens ne seraient pas
possibles, ne pourraient pas nous en imposer, si
elles différaient par leur nature même des perceptions normales; ainsi, une couleur ne peut pas
être prise pour un son : il y a entre eux différence
de nature.

Or, une hallucination ne peut pas être vraie
tout de bon, vraie dans le sens strict du mot, car
alors elle ne serait pas une hallucination, mais
la perception véritable d'un objet extérieur réel.
Cela semble avoir échappé à M. Taine, qui dit

que nos perceptions sont « des hallucinations le
plus souvent vraies, et, par un artifice de la nature,
arrangées de façon à correspondre aux objets (1). »
La tâche d'adapter nos perceptions à des objets
extérieurs correspondants, que Descartes attribuait à Dieu pour sauver sa véracité, M. Taine
l'attribue à un artifice de la nature, on ne sait
plus à quelle fin. La cause en est évidemment
dans une méprise. Nos perceptions sont des hallucinations, parce qu'elles ne représentent pas des
objets réels extérieurs ; la vérité des perceptions ne
peut donc pas résider dans une manière de correspondre aux objets, qui leur est commune avec les
hallucinations, mais bien dans des attributs ou
des caractères qui les en distinguent. Or, en quoi
les perceptions vraies diffèrent-elles des hallucinations, des rêves et autres illusions pareilles ? En
ce qu'elles sont valides pour tous les sens et pour
tous les sujets percevants, qu'elles sont des parties
intégrantes de l'ordre universel manifesté dans
notre expérience.

La « vérité » de nos perceptions normales ne
consiste donc pas dans leur conformité ou correspondance avec des objets réels situés en dehors de
notre expérience — correspondance qui ne pourrait jamais être vérifiée par l'expérience, et qui
serait inutile à tous égards — mais bien en ce que

_____

(1) *De l'intelligence*, 1870, I, p. 411.

2*

tous les effets, dans notre expérience elle-même, arrivent ou se produisent *comme si* les corps que nous percevons directement (et non d'autres objets extérieurs admis par supposition seulement) existaient en dehors de nous.

Cette « vérité » trompeuse de nos perceptions a tellement l'air de la vérité vraie, qu'il est très difficile, mais aussi très important, d'en constater le caractère réel. Pour mieux y parvenir, il faut prendre un exemple particulier.

Je vois un arbre couvert de verdure. Qu'est-ce qui est réellement présent dans cette perception? Rien autre chose que la sensation de couleur verte qui ne peut pas, comme chacun le sait, exister en dehors de moi. Mais ma sensation de couleur verte me semble être située en dehors de moi : je vois en elle un arbre, et même je vois cet arbre immédiatement au lieu précis qu'il occupe dans l'espace; car je peux dire avec assez de précision à quelle distance il se trouve. Si je franchis cette distance, je peux le toucher, et j'en reçois des impressions tactiles conformes à mes impressions visuelles; et si d'autres personnes se trouvent auprès de moi, elles voient et peuvent toucher le même arbre. De plus, nous savons que cet arbre existe déjà depuis bien des années à l'endroit où nous le voyons, et nous pouvons même apprendre par qui il a été planté.

Voilà bien assez de preuves de la vérité objective de notre perception de l'arbre, et l'on ne pourrait s'empêcher d'y croire, si l'on ne se rappelait qu'un objet existant réellement en dehors et indépendamment de notre expérience ne pourrait être ni vu ni touché par nous (1). Aussi, c'est précisément ce caractère, en apparence si objectif, de notre perception, qui, examiné de plus près, nous en révèle la nature subjective ou trompeuse.

Nous voyons les corps immédiatement aux lieux précis qu'ils occupent dans l'espace. C'est là un fait qui tranche la question d'un coup, en établissant la nature vraiment subjective, quoique objective en apparence, de nos perceptions extérieures. Il faut donc s'en rendre bien compte, et, à cet effet, considérons un objet situé en dehors de la terre, par exemple la lune, précisément parce que son inaccessibilité apparente ne souffre pas de doute. Malgré cette inaccessibilité, la distance qui sépare la lune de nous nous est connue avec assez de certitude et de précision. Comme je l'ai dit ailleurs,

---

(1) Pour percevoir un objet extérieur, nous devrions sortir de nous-mêmes, ce qui est impossible, ou, du moins, contraire au témoignage des faits. Les objets de nos perceptions sont nos propres sensations; voilà le fait le plus indubitable de toute l'expérience, puisqu'il peut être constaté et vérifié avec une certitude immédiate. S'il nous semble que nous percevons des objets extérieurs, c'est un effet de la déception originaire, qui détermine toute la forme de notre expérience, mais à laquelle on ne peut pas attribuer une vérité absolue sans se heurter contre les faits et sans tomber dans des contradictions logiques.

« la distance qui nous sépare de la lune peut être représentée comme une ligne droite, dont un bout se trouve dans nos yeux et l'autre bout dans la lune. Or, cette ligne a été mesurée, et cela n'a été évidemment possible que parce que nous voyons la lune précisément à l'autre bout de cette ligne. Car, pour mesurer une ligne, il faut la parcourir d'un bout à l'autre, d'une manière quelconque [1]. »

Il est donc clair que les corps de notre expérience ne sont pas des objets extérieurs réels, c'est-à-dire existant en dehors et indépendamment de toute perception. Mais tout, dans notre expérience, tant dans son ensemble que dans les détails, est organisé comme si les corps que nous percevons existaient indépendamment de toute perception. Notre expérience extérieure repose donc sur une déception organisée systématiquement, suivant des lois universelles et immuables. La « vérité » de nos perceptions normales ne signifie, en fait, que la perfection et l'universalité de la déception qui y réside. Les hallucinations et les autres illusions des sens ne sont pas « vraies, » non qu'elles aient

---

[1] Pour mesurer la distance qui nous sépare de la lune, il faut mesurer la parallaxe de la lune, qui est un angle dont le sommet est à la lune elle-même. On n'a évidemment pu mesurer cet angle que parce que nous voyons la lune exactement à l'endroit qu'elle occupe, car tout déplacement de la lune dans le sens du rayon visuel change aussi sa parallaxe.

un contenu différent de celui des perceptions normales — le contenu est, dans les unes comme
dans les autres, le même, à savoir nos propres sensations, — mais parce que la déception n'y est pas
parfaite et universelle, c'est-à-dire n'affecte qu'un
seul sens ou un seul sujet percevant, et ne dure
que peu de temps. La déception propre aux perceptions normales est, au contraire, commune à
tous les sens, à tous les sujets percevants, et se
prolonge dans tous les temps. En vertu de cette
universalité, de cette immutabilité, la déception
qui gît au fond de notre expérience peut, en tout
ce qui concerne la connaissance empirique des
choses et la pratique de la vie, tenir lieu de vérité,
et même en tient lieu avec une telle efficacité, qu'il
est très difficile d'en découvrir le caractère décevant et de le bien voir quand il a été découvert. Il
faut pourtant que les esprits philosophiques, au
moins, se familiarisent avec l'idée que notre physique n'est pas une métaphysique, que les corps
de notre expérience ne sont pas des substances
réelles ou véritables, mais n'en présentent que
l'apparence seulement. Car la philosophie n'existe
pas en vérité tant qu'on n'a pas reconnu ce fait
fondamental : que nous ne percevons pas des corps
réels, existant en dehors et indépendamment de
notre expérience, mais que tous les effets, dans
notre expérience, se produisent suivant les lois et
dans l'ordre où ils se produiraient si les corps que

nous percevons existaient réellement en dehors
de nous.

A-t-on, au contraire, reconnu ce fait, on comprend aisément alors pourquoi l'expérience nous
présente des effets qui semblent procéder des corps,
mais qui ne peuvent cependant, en aucune manière, être expliqués par la nature des corps. Dans
l'article précédent j'en ai signalé deux exemples :
les phénomènes de la vie organique et la dépendance de notre vie physique ou spirituelle par
rapport aux causes matérielles. Les corps comme
nous les fait concevoir la science moderne, n'ayant
pas de qualités et n'étant capables que de mouvements qui leur sont indifférents, ne peuvent, en
effet, par eux-mêmes, produire ni la vie organique
ni, à plus forte raison, la vie spirituelle. Les corps
ne sont, en vérité, rien de réel et ne produisent
rien par eux-mêmes. Si plusieurs personnes répu-
gnent à admettre que la science ait dit son dernier
mot sur la nature des corps, c'est qu'elles sentent,
au moins confusément, que des corps dépourvus
de qualités et incapables d'aucun autre effet que de
mouvements ou de déplacements dans l'espace ne
sont pas des objets réels, mais de simples abstrac-
tions. Il faut pourtant se rendre à l'évidence. La
science ne pourra jamais rien nous apprendre de
nouveau sur la nature des corps, puisque tout ce
qu'elle en a découvert jusqu'à présent ne fait que
confirmer ce que nous pouvons en voir immédia-

tement, et ce qui a été entrevu déjà dans l'antiquité. Les atomes de la science moderne ne diffèrent en rien d'essentiel des atomes de Démocrite. C'est que les corps n'étant, en vérité, que des conceptions de notre propre pensée, ne peuvent avoir de secrets pour nous. S'il y a des objets extérieurs réels, nous sommes incapables d'en rien savoir, et nous n'avons aucune raison et aucun moyen de nous en occuper : ils sont pour nous comme s'ils n'étaient pas. En d'autres termes, la supposition d'objets extérieurs réels ne repose sur rien et ne sert à rien, si ce n'est à empêcher la connaissance vraie des choses, la constatation des faits comme ils sont en réalité.

Cette notion est le premier pas dans la voie de la philosophie; mais on éprouve, d'ordinaire, une difficulté presque invincible à le faire, quoique le témoignage des faits y mène nécessairement. Depuis longtemps déjà tous les hommes pensants admettent que notre expérience extérieure ne possède qu'une *vérité relative;* mais que signifie cette expression ? C'est ce que l'on ne s'explique jamais bien clairement. On entend par la relativité de la connaissance empirique que l'expérience ne nous dévoile pas la nature de la matière comme elle est en elle-même. Mais il est bien évident que la matière qui est elle-même l'objet de notre expérience ne peut avoir d'autre nature que celle que nous connaissons par expérience, et que les sciences

physiques ont constaté d'une manière définitive,
comme je l'ai montré dans l'article précédent. La
relativité de la connaissance empirique n'a donc
pas le sens qu'on veut lui donner. Si la matière
que nous connaissons par expérience existait réellement, notre connaissance de la matière posséderait une vérité absolue : la physique serait elle-
même une métaphysique. Si, au contraire, on
comprend par matière une substance extérieure
inconnue de nous, notre connaissance de cette
substance n'a pas non plus de vérité relative, puisque nous n'en avons aucune connaissance. Avec
l'hypothèse de substances extérieures réelles, on
ne parvient donc, en aucune manière, à donner
un sens concevable à la doctrine de la relativité de
la connaissance empirique. La vérité relative de
notre expérience repose, comme je l'ai montré,
sur l'organisation systématique de la déception qui
nous présente, dans nos perceptions, un monde
de corps situés dans l'espace. La matière n'est,
en réalité, qu'une conception de notre esprit
suggérée par la nature et l'ordre de nos perceptions extérieures. Notre esprit, c'est-à-dire nous-
mêmes, nous sommes donc l'objet sur lequel
doivent porter tous les efforts de l'investigation
philosophique.

II

Il y a six ou sept mille ans que la civilisation a commencé sur notre planète. Dès le début de cette période, les hommes ont réfléchi sur leur propre nature ; le temple de Delphes portait l'inscription : *Connais-toi toi-même*, et les hommes ignorent encore à présent leur nature. De nos jours, comme à l'origine, il faut se poser ces questions : Qu'est-ce que l'homme ? Pourquoi a-t-il une nature double et se trouve-t-il si souvent en contradiction avec lui-même ? Et cependant nous sommes pour nous-mêmes l'objet le plus proche, celui dont l'exploration n'exige ni instruments coûteux ni études préalables. Quelle est la cause de ce fait surprenant ?

Une des causes principales de ce fait est, assurément, la disposition des hommes à ne jamais considérer les choses sans prévention. On en aborde l'étude avec une théorie toute faite, ou, au moins, avec la supposition qu'elles peuvent être expliquées, et avec la tendance à les concevoir conformément aux exigences de l'explication. Et cette tendance est d'autant plus forte qu'on a moins de notions exactes ; les temps d'ignorance étaient aussi les temps des théories les plus hasardées. Or, pour rendre possible la connaissance

vraie, il ne faut préjuger absolument rien, mais
se borner strictement à constater les faits eux-
mêmes, et à déduire les conséquences qui en
découlent avec une nécessité logique. Il faut, pour
ainsi dire, faire parler les faits eux-mêmes, sans
rien ajouter à leur témoignage. Cette manière de
procéder, qu'on pratique en perfection dans l'exploration du monde matériel, on doit l'employer
aussi dans l'investigation de notre propre nature.

J'en ai déjà fait l'essai dans l'article précédent.
J'ai d'abord constaté le fait que l'homme juge, et
qu'il condamne le mal et le faux comme n'ayant
pas le droit d'exister. En réfléchissant simplement
sur ce fait, on découvre qu'il renferme les conséquences suivantes :

1° Que nous possédons des normes de ce qui
doit être et de ce qui ne doit pas être ; 2° que le
bien et le vrai sont seuls conformes à ces normes,
que le mal et le faux y sont, au contraire, opposés,
et qu'il y a, par conséquent, une opposition radicale entre le bien et le mal, et entre le vrai et le
faux. Or, ces normes ne sont pas de simples
imaginations ; elles possèdent une valeur réelle
ou une vérité objective, puisque notre nature
morale et la possibilité du jugement reposent
sur leur présence en nous. De là il s'ensuit :
3° que le bien et le vrai sont seuls conformes à la
nature normale des choses, et que le mal et le
faux y sont opposés ; 4° qu'il y a, par conséquent,

quelque chose de purement bon et de purement
vrai, sans mélange de mal et de faux, quelque
chose de parfait qu'on appelle Dieu ; et 5° que cet
être parfait est la nature normale des choses.
Par contre, nous avons constaté que la nature
physique est immorale, indifférente au bien et
au mal, au vrai et au faux, et qu'elle repose même
sur une déception systématiquement organisée.
Nous en concluons : 6° que la nature physique est
anormale, opposée à la nature normale des choses
dont la conscience constitue notre nature morale.
En effet, si la nature physique et la nature
morale, en nous, n'étaient pas opposées l'une à
l'autre, elles ne feraient qu'une seule et même
nature : l'homme n'aurait pas une nature double
et ne se trouverait jamais en contradiction avec
lui-même. L'opposition du physique et du moral
existe donc réellement par cela seul que nous en
avons conscience ; c'est un fait qui porte sa preuve
en soi. Nier l'opposition du moral et du physique,
c'est nier l'élément moral lui-même, et partant la
possibilité du jugement.

Que le lecteur veuille bien considérer attentive-
ment ces propositions ; il se convaincra qu'elles
sont toutes renfermées dans ce seul fait que
l'homme juge, et qu'il condamne le mal et le faux
comme n'ayant pas le droit d'exister. C'est là ce
que j'appelle faire parler les faits eux-mêmes. On
n'a qu'à marcher dans cette voie pour arriver

à des résultats certains : je vais essayer d'y faire
encore quelques pas.

La loi fondamentale de la nature physique de
l'homme et de tous les êtres vivants est l'égoïsme,
la conservation et l'affirmation de soi. La loi
morale est le contraire ou l'opposé de l'égoïsme :
elle enjoint de faire le bien, même s'il le faut à
ses dépens ; de subordonner son intérêt personnel
au bien général. Entre ces deux lois qui s'excluent
mutuellement, il n'y a, comme entre le oui et le
non, pas de terme moyen possible, et nous nous.
trouvons devant le dilemme suivant : ou l'égoïsme
repose sur une déception, ou bien la loi morale,
comprise comme une obligation intérieure, est
une simple fiction, le produit d'une erreur. Or,
l'égoïsme tient aux racines mêmes de l'individualité ; si l'égoïsme repose sur une déception, c'est
que l'individualité est fondée elle-même sur une
déception. Voyons donc ce que disent les faits
sur ce sujet.

Chacun de nous s'apparaît à lui-même et aux
autres comme un être, comme un objet réel qui
sent, qui pense et qui veut, qui est identiquement
le même être ou objet, un et indivisible, depuis
sa naissance jusqu'à sa mort. Cela ne serait pas
possible, si notre nature et notre vie spirituelles
ne manifestaient pas les caractères essentiels d'un
être réel un et indivisible, et identique avec lui-
même dans la succession du temps. En effet, notre

nature présente ces caractères à un si haut degré
que c'est, semble-t-il à première vue, le comble de
l'absurdité que de ne pas admettre que nous soyons
des êtres réels, indivisibles et identiques avec eux-
mêmes dans la succession du temps. Néanmoins
les faits prouvent le contraire d'une manière irrécusable, et, de notre temps, on s'est même tout à fait
familiarisé avec cette idée sans se rendre, il est vrai,
bien compte de sa portée. L'expérience montre que
nous avons un commencement et une fin, et ne
sommes, en réalité, qu'une succession d'états
psychiques qui peuvent être supprimés et renouve-
lés à chaque instant par une simple pression sur
le cerveau. Tout, dans notre nature physique, dépend des conditions extérieures, et nous n'avons,
par conséquent, pas de nature qui nous soit vraiment propre. En d'autres termes, nous ne sommes
pas des substances ou des êtres réels, mais de simples phénomènes. Mais tout, dans notre nature et
notre vie psychique, est organisé *comme si* nous
étions des êtres réels, indivisibles et identiques
avec eux-mêmes. Sans cette apparence, nous ne
serions pas, il ne pourrait pas être question de
notre personnalité ou de notre moi. Notre personnalité ou notre moi repose donc, tout comme notre
perception d'un monde extérieur, sur une déception organisée d'une manière systématique.

Voilà ce que nous apprend le témoignage des
faits. Mais nous possédons, en outre, une connais-

sance immédiate ou intuitive de cet état de choses,
qui est plutôt un sentiment qu'une connaissance
explicite, mais qui n'en était pas moins, jusqu'à
ce jour, le fondement de la conscience morale.
Nous sentons ou savons intuitivement que nous
avons des fins et des obligations supérieures à nos
intérêts personnels et même à la conservation de
notre vie ; par conséquent, que notre propre bien
ou notre intérêt suprême, ce qu'on pourrait appeler
notre centre de gravité, est situé en dehors de
notre personnalité et au-dessus d'elle. L'homme
reconnaît donc intuitivement que sa personnalité
ou son moi n'est rien d'absolu ou d'absolument
vrai, et ne fait pas partie de la nature normale des
choses. Celui qui ne reconnaîtrait rien d'obligatoire pour lui, rien de supérieur aux appétits et
aux penchants de sa nature physique, ne mérite-
rait pas le nom d'homme. On voit donc que le sentiment intime de la nature anormale et décevante
de l'individualité est ancien dans le cœur humain.
Ce sentiment est en nous la source de tout ce qui
est bon et élevé, et l'on ne peut se défendre d'en
admirer la puissance, quand on songe que c'est lui
qui a souvent guidé les hommes et les a main-
tenus dans la voie droite, même en dépit de leurs
croyances explicites, croyances plutôt propres, dans
tous les temps, à fausser leur conscience morale.

Nous arrivons ici au point d'où l'on voit avec
le plus d'évidence combien il est nécessaire et im-

portant de ne rien préjuger des choses et de ne
rien conclure des faits que ce qui en découle avec
une nécessité logique. Le sentiment intuitif qui
forme la base de la conscience morale des hommes
a besoin d'une interprétation pour prendre place
dans leur manière de voir et devenir pour eux une
règle de conduite. Les interprétations différentes
que ce sentiment a reçues sont représentées par
les différentes doctrines morales et religieuses qui
ont eu cours jusqu'à présent, et la diversité de ces
doctrines nous avertit déjà à l'avance qu'on ne
s'est pas borné à constater les faits et à rendre
manifeste le sentiment du moral et du divin, inhérent à l'homme, qu'on a plutôt cherché l'explication des choses, et que là est la source de toutes
les erreurs en cette matière.

Dans ce qui précède, on a pu constater que la
morale et la religion ont un seul et même fondement. La certitude qu'il y a un être purement bon
et purement vrai, un être parfait, un Dieu, est
indissolublement liée à la certitude qu'il existe une
opposition radicale entre le bien et le mal et entre
le vrai et le faux, en général, entre la norme et
l'anomalie, et, par conséquent aussi, entre le
moral et le physique. Mais alors Dieu est donc
une puissance purement morale, non une puissance physique. Croire en Dieu, c'est croire à
l'existence d'une norme suprême ou d'une nature
normale des choses, supérieure et opposée à leur

nature physique. On ne doit donc chercher Dieu
que dans notre conscience morale, dans ce qu'il y
a de plus vrai et de plus élevé en nous, non dans la
nature physique, qui est opposée à notre nature
morale. La nature physique est immorale, et, par
conséquent, anormale. Or, ce qui est anormal ne
peut jamais être expliqué ni conçu par nous ; car
rendre une chose concevable, c'est précisément
montrer qu'elle est conforme aux normes dont
nous avons la conscience intime, et l'anormal est
opposé à ces normes. On sait d'ailleurs combien se
sont montrés vains tous les efforts pour expliquer
ou justifier l'existence du mal et de l'erreur. Le
monde physique, qui est plein de mal et repose
sur une déception, restera donc à tout jamais
inexplicable.

Or, rien ne répugne plus au sentiment naturel
des hommes que cette affirmation : le monde de
l'expérience n'est pas susceptible d'être expliqué.
De tout temps ils ont recherché avec passion l'explication des choses. Aussi, non seulement le vulgaire, mais même les philosophes ont-ils toujours
employé l'idée de Dieu d'abord à l'explication du
monde et cherché Dieu de préférence dans la
nature physique. Presque toutes les soi-disant
preuves de l'existence de Dieu sont tirées de la
nature physique, et l'on est arrivé à considérer un
attribut purement physique, la toute-puissance,
comme l'attribut fondamental de la divinité. Dire

que cette manière de voir est dénuée de fondement et de vérité (1), c'est signaler son moindre
défaut; l'effet le plus grave et le plus déplorable
en est de fausser la conscience morale et l'idée de
Dieu. Comme la nature physique est immorale, le
créateur supposé de la nature ne peut être représenté que comme un être immoral lui aussi; si
donc on assimile ce créateur supposé à Dieu, la
norme suprême, il doit s'ensuivre une falsification
de toutes les notions de morale et de religion.
Aussi les effets désastreux de cette conception sont-
ils incalculables. Par suite de cette méprise, la
religion, qui doit être la source et la sanction de
tout ce qui est bon et élevé dans la nature humaine, a inondé la terre de misères et de méfaits
sans nombre. Et l'on tarde encore à reconnaître
que cette manière de concevoir Dieu et la religion
renferme un vice radical! Mais cela devient d'une
évidence écrasante quand on a constaté que toute

(1) Une conclusion de l'effet à la cause ne peut jamais dépasser le domaine de l'expérience et atteindre l'absolu; car la validité de toutes les conclusions de l'effet à la cause repose sur la
liaison générale des phénomènes qui en fait des parties intégrantes du monde de l'expérience. Cette liaison ou cet enchaînement général des phénomènes est le fondement de toute
causalité; la supposition que le monde lui-même a été causé
ou créé n'a par conséquent pas de fondement ni même de sens.
Je passe d'autres arguments qui prouvent l'impossibilité d'une
cause première ou absolue, mais qu'il serait trop long de rap-
porter ici.

3*

notre expérience repose sur une déception organisée d'une manière systématique. Le créateur du
monde serait le créateur de l'apparence et de la
déception, c'est-à-dire l'architrompeur, le père du
mensonge. Attribuer ce rôle à Dieu serait le ren-
versement de toute morale et de toute religion.
Heureusement la supposition d'un Dieu créateur
du monde est dénuée de fondement comme de
vérité. Nous ne voyons, jusqu'à présent, aucune
autre source de la connaissance de Dieu que
la certitude morale qu'il existe une opposition
radicale entre le bien et le vrai, qui appartiennent
à la nature normale des choses, d'une part, et, de
l'autre, le mal et le faux, qui n'y sont pas conformes. Tout ce que nous pouvons savoir de Dieu
se réduit donc à ceci : qu'il est un être purement
bon et purement vrai, et qu'il est la nature normale des choses opposée à leur nature physique.
Mais alors il faut reconnaître que le monde
physique n'est pas susceptible d'explication, et
c'est là la pierre d'achoppement au premier chef.

Admirons ici une singularité de l'esprit humain.
Qu'y a-t-il de plus raisonnable que d'admettre
l'existence de faits inexplicables? Et qu'y a-t-il
de moins raisonnable que d'admettre des explications des faits qui sont elles-mêmes inexplicables
ou renferment des contradictions logiques? Dans
cette dernière manière de procéder, on ne fait que
détourner les yeux de l'état réel des choses, pour

les reporter sur de simples imaginations qui man-
quent leur propre but et sont logiquement insoute-
nables. Eh bien, les hommes ont toujours donné
la préférence à cette façon d'agir. Chacun voit, par
exemple, qu'il y a une contradiction logique entre
ces deux idées : Dieu être parfait, et Dieu créateur
tout-puissant d'un monde comme le nôtre, tout
rempli de misères et d'anomalies (¹); et pourtant on
tient toujours fermement à cette conception contradictoire. Au lieu de dire : Le monde physique
est inexplicable, n'a pas de raison suffisante, parce
qu'il est anormal, on dit : La raison suffisante
du monde est en Dieu, quoiqu'on ne puisse concevoir comment, cette supposition étant incompatible
avec l'idée d'un être parfait. Le caractère d'anomalie et d'inconcevabilité qu'on trouve, en effet,
dans le monde physique, les hommes le transpor-
tent en Dieu même dont la notion lui est directement opposée, et croient atteindre par là l'explication du monde. Mais ils n'atteignent, en réalité,
qu'une falsification de la notion de Dieu par cet
emploi abusif qu'ils en font; car, pour le monde,
on ne le change pas par des suppositions gratuites;

(1) Les Peaux-Rouges d'Amérique demandaient aux missionnaires : Pourquoi Dieu n'a-t-il pas fait tous les hommes bons ?
Et quand les missionnaires leur parlaient du diable comme de
l'auteur du mal, ils répliquaient : Pourquoi Dieu n'a-t-il pas tué
le diable qui fait tant de mal ? On voit là le jugement naturel
droit aux prises avec les imaginations des hommes.

il reste toujours ce qu'il était, anormal et inexplicable [1].

Je me suis étendu un peu sur ce point, parce qu'il est d'une importance capitale. On ne peut jamais assez dire combien il servirait au bien, de l'humanité de s'habituer à constater les faits sans prévention et à reconnaître les choses comme elles sont réellement, avant de demander si elles peuvent être expliquées ou non. La possibilité, pour les hommes, de mettre de l'ordre et de la clarté dans leurs propres pensées, de s'entendre et de s'accorder entre eux, est à ce prix. S'ils veulent se borner à la constatation scrupuleuse des faits et de leurs conséquences logiques, une entente ou un accord universel sur les questions de morale

(1) On se souvient sans doute de ce passage des *Pensées* de Pascal : « Qu'y a-t-il de plus contraire aux règles de notre misérable justice que de condamner éternellement un enfant incapable de volonté, pour un péché où il paraît avoir si peu de part qu'il est commis six mille ans avant qu'il fût en être?.... et cependant sans ce mystère, le plus incompréhensible de tous, nous sommes incompréhensibles à nous-mêmes. » Ainsi un génie comme Pascal qualifiait de « misérable » la saine notion de la justice et attribuait à Dieu les principes les plus opposés à cette même justice, plutôt que de rejeter une explication dont il dit qu'elle est la plus incompréhensible de toutes, et par suite un vain jeu de mots ! Rien n'est plus triste que de voir ce grand esprit ruiné par des croyances qu'il n'a jamais pu s'approprier véritablement. D'ailleurs sa proposition de jouer à croix ou pile l'existence de Dieu est, en réalité, le plus amer persiflage qu'on puisse imaginer de la religion telle qu'on la comprend d'ordinaire.

et de religion deviendra facile, comme il est arrivé dans les sciences physiques; car les faits sont les mêmes pour tous. Si, au contraire, on s'obstine toujours à chercher par-dessus tout l'explication des choses, un accord universel sur la manière de les concevoir ne sera jamais réalisable, parce que toutes les explications imaginables ici se valent entre elles, étant toutes également dénuées de valeur.

III

Dans tout ce qui précède, je n'ai donné que de faibles aperçus sur des sujets qui exigent et méritent la plus soigneuse exploration. Et cependant même le peu que j'en ai dit est peut-être déjà excessif. La notion que le monde de l'expérience repose sur une déception et restera à tout jamais inexplicable, répugne beaucoup trop à tous nos sentiments naturels (à l'exception des plus élevés, mais qui sont aussi les plus faibles) et à toutes nos habitudes d'esprit, pour pouvoir compter sur quelque faveur auprès de la majorité. Mais, au moins, les hommes d'un esprit philosophique devraient-ils l'accueillir avec bienveillance; car un esprit philosophique tient par-dessus tout à ne pas être la dupe ou l'esclave de l'erreur et de l'apparence, et doit voir quelque chose de divin dans la capacité de l'homme de s'élever au-dessus de la déception qui gît au fond du monde de l'expérience. En effet, l'homme atteint par là quelque chose d'absolu, notamment la vérité absolue dans la connaissance des choses qui ne possèdent pas elles-mêmes ce caractère, comme il s'élève vers l'absolu, dans le domaine de la pratique, en pliant sa nature physique, dépendante des conditions extérieures, aux exigences de la loi morale, intérieure. De cette manière, l'homme réalise le bien et le vrai dans un monde dépourvu de bonté et de vérité, et devient par cela le représentant de Dieu sur la terre. Mais entre ces deux espèces d'élévation mentale il y a cette différence que l'élévation morale est le produit des efforts individuels de chacun en particulier, et n'est jamais complète et assurée, tous les hommes, même les meilleurs, étant sujets aux défaillances ; tandis que la connaissance vraie, une fois acquise, est acquise pour tous les hommes et pour tous les temps. Cette connaissance est donc le bien le plus précieux de l'humanité.

Il me reste encore une explication à donner. A la fin de l'article précédent, j'ai dit que la philosophie ne pouvait pas être constituée sans la connaissance de la norme ou loi fondamentale de la pensée. Or, on a pu constater la nature réelle des choses, différente de leur nature apparente, sans qu'il fût jamais question de cette norme ou loi de la pensée, au moins d'une manière ostensible. En quoi, demandera-t-on, la connaissance de cette norme ou loi est-elle donc nécessaire ?

La notion que notre propre individualité et notre perception d'un monde extérieur reposent sur une déception ne serait presque d'aucune utilité pour nous, ne pourrait produire qu'un pyrrhonisme stérile, sans la certitude morale que le mal et la déception sont étrangers à la nature normale des choses, et, par conséquent, qu'il y a une nature normale des choses différente de leur nature physique. Or, cette certitude morale, quoique tout aussi valide et indubitable que la certitude théorique ou scientifique, ne possède cependant pas le caractère scientifique. C'est une certitude pour ainsi dire voilée, qui ne rend pas compte d'elle-même, et sujette, en conséquence, à des interprétations erronées. On peut la comparer, en quelque sorte, à un aveugle guidé par le toucher seul. Un aveugle peut s'orienter assez bien dans sa maison ou même dans les rues d'une ville qu'il connaît ; mais il ne voit pas son chemin et court plus de risque de le perdre que le voyant. Semblablement, la certitude morale qu'il y a une nature normale des choses différente de leur nature physique se trouve dans presque tous les hommes, avec plus d'énergie chez les meilleurs et les plus vertueux ; mais les hommes l'ont toujours associée à des théories qui sont logiquement incompatibles avec elle, ou même à la

négation directe de toute vérité qui dépasse le
domaine de l'expérience, tant elle est sujette à
être interprétée d'une manière erronée. Si, au
contraire, la connaissance de la norme ou loi fondamentale de la pensée conduisait au même
résultat, à la certitude qu'il y a une nature normale des choses différente de leur nature physique,
cette certitude acquerrait un caractère scientifique,
et alors seulement une philosophie deviendrait
possible, en harmonie parfaite avec le témoignage
de notre conscience morale et de notre sentiment
religieux.

TROISIÈME ARTICLE

DE LA LIBERTÉ MORALE

Le problème de la liberté morale et de sa co-existence avec la nécessité est un objet de controverse depuis plus de mille ans, et je ne sache pas qu'on l'ait résolu jusqu'à ce jour. C'est peut-être, en effet, le plus ardu de tous les problèmes susceptibles d'être résolus, et il s'agit de voir si la manière de procéder que j'ai recommandée dans les deux articles précédents peut conduire à sa solution.

Le problème dont nous avons à nous occuper peut être énoncé ainsi : Tout, dans la nature, arrive et existe suivant des lois physiques immuables, et néanmoins l'homme se sent et se reconnaît intérieurement responsable de ses actions tout comme s'il n'était pas assujetti aux lois physiques.

Au premier abord, ce problème semble impliquer

une contradiction logique et être, par suite, insoluble. Un penseur respectable, Fr.-H. Jacobi, l'ami de Lessing, de Herder et de Gœthe, a, pour ainsi dire, consumé sa vie dans le regret de ne pouvoir concilier la liberté morale avec l'enchaînement physique des phénomènes établi par la science moderne. Toutefois, il doit y avoir un point de vue d'où la coexistence de la liberté et de la nécessité ne présente pas de contradiction logique ; car elles sont réelles toutes les deux, tandis qu'une contradiction logique ne peut pas se rencontrer dans la réalité.

Les efforts qu'on a faits jusqu'à ce jour pour résoudre notre problème ont plutôt visé à trancher le nœud qu'à le dénouer. Ils se réduisent tous à nier l'un ou l'autre des termes impliqués. Ou l'on nie la liberté morale et, en général, l'existence, dans l'homme, d'une nature morale différente de sa nature physique : on fait dériver le moral du physique. Ou l'on nie, au contraire, que la volonté et les actions de l'homme soient soumises à la loi de causalité : on attribue à l'homme la faculté de se déterminer sans cause.

De notre temps, la première de ces deux manières de voir est devenue prédominante. On se complaît toujours davantage à considérer l'homme comme un être purement physique, sujet aux mêmes lois que la nature animale, et l'on n'hésite pas à traiter le sentiment de l'obligation morale

comme une simple imagination dépourvue de
vérité. Evidemment les progrès de la science moderne, qui tous ont été accomplis dans le domaine
de la nature physique et ont mis en plus grande
lumière l'immutabilité de ses lois, ont surtout
contribué à cet effet ; mais ce n'en est cependant
pas un effet nécessaire et légitime. Quoique la
science physique ne puisse, en vérité, servir que
dans une faible mesure à la culture de l'esprit —
on cherche encore la culture de l'esprit de préférence chez les anciens qui ne possédaient pas
cette science, — elle ne mène pourtant pas nécessairement à la dégradation et à la barbarie morale
qu'on veut en tirer de nos jours (1). Que l'homme
ait été originairement un être purement physique
et dominé exclusivement par les lois physiques,

(1) La communication suivante, parue dans les journaux
en 1885, montre quels progrès on a déjà faits dans cette voie :

Rome, 22 novembre.

« Dans la dernière séance du congrès anthropologique, six
membres ont déposé un ordre du jour pour affirmer la nécessité
de la peine de mort. Cet ordre du jour était conçu en ces termes :

« Le congrès, considérant que l'évolution se produit par la sélection et que la peine de mort représente précisément l'élimi-
nation, du corps social, d'éléments mauvais, déclare qu'elle est
conforme aux principes naturels et anthropologiques. »

Ainsi les questions d'ordre moral doivent désormais être réso-
lues, non par des considérations tirées de la raison et de la morale, mais par l'exemple de la nature brute ! On veut donc, au
nom de la science physique, nous faire rétrograder au delà des
sauvages eux-mêmes, car ils ont du moins quelques lueurs de
conscience morale qui les élèvent au-dessus de la nature brute.

c'est une supposition fort probable, c'est même
la seule admissible ; mais le fait important est
que l'homme n'est pas resté l'esclave de la nature, qu'il est parvenu, malgré tous les obstacles
que cette nature lui opposait, à la science et
à la moralité, en un mot, à la civilisation. Que
l'homme ait eu l'impulsion et la puissance de re-
faire ainsi à l'inverse l'œuvre de la nature, voilà
la circonstance décisive dont il s'agit d'étudier la
raison.

Les personnes qui ne se laissent pas éblouir par
les résultats de la science physique au point de
perdre ou de méconnaître leur conscience morale,
se laissent bien souvent entraîner à l'extrême opposé et attribuent à l'homme une liberté absolue
qu'ils comprennent comme la faculté de se déterminer sans cause ; mais cette supposition n'a point
de sens et n'est pas du tout conforme à la vraie notion de la liberté, comme je le ferai voir plus loin.
Que tout ce qui arrive ait une cause, c'est une loi
qui ne souffre pas de doute ni d'exception ; mais elle
n'implique pas la négation de la liberté morale.
On n'y voit une négation de la liberté que par
suite d'un malentendu, parce qu'on y substitue
cette autre proposition : Tout ce qui arrive a une
cause *physique.* Or, cela n'est pas exigé par le principe de causalité ; il peut bien y avoir des causes
qui ne soient pas de leur nature physiques. Pour
admettre l'existence et l'action de causes non

physiques, il faut seulement que les lois physiques n'aient pas de validité absolue.

Mais voilà assez de considérations préliminaires, il est temps d'aborder l'étude directe de notre sujet.

I

Ce qui importe avant tout, c'est de choisir un point de départ convenable. Si notre problème a paru insoluble jusqu'à présent, il faut l'attribuer en partie à ce qu'on ne l'a pas abordé comme il le fallait. En portant la controverse, dès le début, sur l'opposition de la liberté et de la nécessité, on se met dans l'impuissance de comprendre la question controversée, et on rend impossible tout accord à son égard. Les partisans de la liberté, en effet, n'ont alors aucune autre preuve à alléguer que le sentiment intime de la liberté et de la responsabilité morale, et ils sont trop enclins à comprendre la liberté dans le sens d'un indéterminisme vide, d'une faculté fantastique de vouloir et de se déterminer sans cause, ce qui donne aux adversaires de la liberté le droit de la nier au nom du bon sens et de l'expérience. Mais l'opposition de la liberté et de la nécessité n'est qu'un aspect de l'opposition qui existe entre le moral et le physique ; or, notre nature morale se manifeste originairement, non dans la volonté, mais dans le jugement, et nos

volitions, nos actions, reçoivent elles-mêmes du
jugement leur caractère moral. C'est donc le fait
du jugement moral qu'il faut prendre pour point
de départ.

L'homme juge et reconnaît, dans la nature, des
choses qui, comme le mal, l'erreur et la déception, sont anormales, n'ont point le droit d'exister :
voilà le point initial. Là-dessus, pas de divergence
d'opinions possible. Pour croire que le mal et la
déception soient quelque chose de normal, qu'ils
appartiennent à la nature normale des choses, il
faudrait s'aveugler volontairement et renoncer au
droit même de juger. Car ce serait soutenir qu'il
n'y a aucune raison de préférer le bien au mal et
la vérité à l'erreur.

C'est donc un fait incontestable qu'il y a, dans
la réalité, quelque chose d'anormal qui n'a pas le
droit d'exister. Or, en réfléchissant sur ce fait, on
y trouve un abîme d'incompréhensibilité : Comment une chose est-elle, si elle ne doit pas être ?
Cette question a de tout temps occupé les hommes ;
ils en ont toujours cherché la solution, mais en
vain. Par la nature même du problème, on voit
qu'il n'admet pas de solution (1). Nous devons donc

(1) Le moins que puisse faire l'*explication* d'une chose, c'est
de montrer que cette chose a le droit d'exister. Or, on ne peut
pas le montrer à l'égard de l'anormal. Un mal, par exemple, ne
peut être justifié que s'il sert à préserver d'un mal plus grand,
ce qui laisse l'existence du mal, en général, sans justification.

porter nos efforts, non pas sur l'explication de l'anormal, qui est impossible, mais sur l'étude de ses caractères distinctifs. Si Newton, après avoir découvert la loi de la gravitation, s'était mis à spéculer sur la cause et l'origine de la gravitation, il n'aurait mis au jour que des futilités ; au lieu de cela, il a déduit les conséquences logiques de cette loi dans son application aux mouvements des astres, et a fondé ainsi la science modèle, la mécanique céleste. C'est l'exemple que nous devons suivre.

L'existence de l'anomalie est le fait dominant de notre expérience, tant par sa gravité ou son importance que par son universalité ; car tout, dans notre monde, est, par sa nature, anormal. En étudiant les caractères distinctifs de l'anormal (1) et les conditions de son existence, nous parviendrons donc à la connaissance de nous-mêmes et du monde où nous vivons.

Voudrait-on affirmer que le mal est une condition nécessaire du bien lui-même? Mais ce serait affirmer, d'une manière indirecte, que le mal lui-même n'est rien d'anormal; ce serait donc une façon d'escamoter le problème qu'on prétend résoudre. L'existence du mal ne serait pas un problème, s'il n'y avait pas, entre le bien et le mal, une opposition radicale. La moralité repose elle-même sur la conscience de cette opposition radicale qui implique la condamnation et l'horreur du mal.

(1) Qu'il me soit permis d'employer ce mot dans le sens d'un nom subjectif, pour désigner la réalité anormale, en général, et particulièrement ses symptômes les plus saillants : le mal et le faux.

Or, le caractère distinctif de l'anormal est sa tendance originaire à se nier et à s'anéantir lui-même. Ce caractère de l'anormal ne laisse subsister aucun doute sur sa nature véritable et nous donne la possibilité d'éviter toute méprise à son égard. En conséquence de cette tendance, rien dans notre monde n'est véritablement stable (éternel), tout se trouve dans un flux et changement perpétuel. Les lois suivant lesquelles tout arrive et existe sont seules invariables. Aussi, l'anormal ne peut-il durer et exister qu'au moyen d'une déception qui déguise sa nature véritable, en le faisant paraître conforme à la norme, c'est-à-dire substantiel et durable. Comme je l'ai montré brièvement dans un article précédent, le monde des corps n'existe qu'en vertu de l'organisation de notre expérience, qui fait que tout, dans nos perceptions et nos sensations, arrive et se produit comme si les corps que nous percevons étaient des substances réelles existant par elles-mêmes. Notre propre existence n'est possible aussi que par la déception qui nous fait paraître des substances ou des êtres réels, indivisibles et durables ou identiques avec eux-mêmes dans la succession du temps, tandis que nous ne sommes, en réalité, qu'une succession d'états psychiques. L'enfant et le vieillard ne sont le même individu que par la continuité de la vie et de la conscience, qui fait que le vieillard se souvient de ce qu'il était dans son enfance. Il nous semble que le temps ne fait qu'effleurer, pour ainsi dire, la surface de notre être, sans entamer l'essence de notre moi ; mais, en vérité, nous existons nous-mêmes dans le temps ; nous sommes non des êtres, mais des existences, notre moi lui-même étant quelque chose qui naît ou se reproduit à chaque instant par la conscience que nous en avons. Déjà Platon appelait ce genre d'être « ce qui devient toujours et n'est jamais véritablement. »

La notion que tout, dans notre monde, est anormal et n'existe que par le moyen d'une déception, nous découvre tout d'un coup la raison des deux dualités que renferme notre nature : 1° du dédoublement de notre moi en un sujet connaissant, principe de pensées et de représentations, et un objet connu, principe qui sent et qui veut ; et 2° de l'opposition du moral et du physique, tant dans notre pensée que dans notre volonté.

L'apparence et la déception ne peuvent se produire que dans des idées ou représentations qui se rapportent à des objets différents d'elles-mêmes. Or, nous existons en vertu d'une déception qui nous fait paraître ce que nous ne sommes pas : des êtres ou des substances simples. A cause de cela, notre nature doit renfermer nécessairement un principe d'idées ou de représentations qui est le sujet pensant et connaissant. Si nous étions des substances réelles, ce dédoublement

do notre être en un sujet connaissant et un objet
connu ne serait pas nécessaire ni même possible,
puisqu'il exclut la simplicité ou l'indivisibilité de
la substance. La conscience de soi est donc la
forme et la preuve d'une existence anormale, reposant sur une déception. Mais cette déception nous
induit précisément à croire que la vie consciente
est, au contraire, la forme d'existence la plus
élevée. Aussi les hommes n'ont-ils jamais hésité à
attribuer à Dieu aussi la conscience de lui-même.
Toutefois, nous ne parviendrons à connaître véritablement ce qu'il y a de meilleur et de plus élevé
en nous qu'en nous affranchissant de cette illusion (1); car notre nature morale, notre élévation
au-dessus du physique, repose sur la conscience
plus ou moins claire de la nature anormale du
physique, qui découvre en même temps le sens et
le fondement de la liberté. C'est ce qu'il faut donc
mettre en lumière le plus clairement possible.

Comme la réalité physique n'est point une réalité vraie ou absolue, mais existe par le moyen
d'une déception qui la fait paraître vraie ou

---

(1) La plus simple réflexion fait bien voir combien c'est une
illusion en effet. La vie consciente, dans certaines conditions,
peut être pire que le néant lui-même, comme le prouve le fait
que plusieurs se privent volontairement de la vie. Pire que le
néant! Moins que rien! Une existence dans laquelle de pareilles
éventualités sont possibles est évidemment bien loin d'être la
forme d'existence la plus élevée; elle est même tout à fait incompréhensible.

absolue, *les lois physiques n'ont point de validité absolue.*

Un exemple familier servira à prouver ce fait. D'après la loi de la conservation de la force, un mouvement des corps ne peut être produit par aucune autre cause que par un mouvement antérieur. Dans toute causalité physique, l'action et la réaction sont égales entre elles, et l'effet est adéquat à la cause. Néanmoins notre volonté fait mouvoir notre corps : je veux marcher, et mon corps se met en mouvement de la manière et dans la direction voulues par moi. La science a bien établi que la force qui meut notre corps n'est pas différente des forces agissant dans le reste de la nature ; cette force est puisée dans les aliments dont nous nous nourrissons, et dans les transformations chimiques qu'ils subissent dans notre organisme. Mais notre volonté a évidemment la puissance de diriger les mouvements de notre corps, de leur imprimer la direction voulue, et cela est incompatible avec une validité absolue de la loi de la conservation de la force. Veut-on nier que notre volonté dirige les mouvements de notre corps? Mais ce serait nier un des faits les plus évidents et les plus indubitables que présente notre expérience, et si l'on nie des faits pareils, que pourrait-on croire et affirmer avec assurance? En niant ce fait, il faudrait simplement renoncer à tout usage de la pensée ; il faut donc plutôt nier

la validité absoluo do la loi do la conservation do
la forco (¹).

Or, les lois physiques n'ayant pas do validité
absoluo, il dovient concovablo quo notre oxpérionce
nous présento l'action do causes ot do lois qui no
sont pas, do lour naturo, physiques, ot nous pouvons
on découvrir la raison. Par sa naturo physiquo,
l'hommo no diffòro pas essentiellement des autres
animaux : les autres animaux sentent, perçoivent
ot voulent suivant les mômes lois physiques quo
nous ; comment donc so fait-il quo l'hommo re-
connaisso des lois non physiques (logiques ot
moralos) commo obligatoires pour lui? C'est quo
l'hommo a la conscienco plus ou moins clairo do
l'anomalio qui résido dans la naturo physiquo, ot
do l'existonco d'uno naturo hyporphysiquo, des
choses, qui so manifesto dans les normes morales
ot logiquos. Cotto conscienco constituo, soulo, la
différenco prodigiouso qui lo séparo des autres
animaux.

(1) Dans un article précédent, j'ai déjà remarqué quo les phó-
nomènes do la vio organiquo no peuvent pas non plus être expliqués d'uno manièro touto mécaniquo, en stricto conformité avec
la loi do la conservation do la forco. C'est quo la naturo physiquo, ot partant aussi toutes les lois physiques roposent sur uno
déception organisée systématiquement, qui lour confòro bien uno
vérité ot uno validité rolativos, mais les privo do touto vérité ot
do touto validité absoluos : les effets perçus semblent tous procéder des corps, mais il est aisé do voir qu'ils n'en procèdent
pas en réalité.

Tout ce qui est anormal a une tendance à se nier et à s'anéantir lui-même, et n'existe qu'au moyen d'une déception qui déguise sa nature véritable, en le faisant paraître conforme à la norme. Or, l'homme parvient, malgré la déception, à pénétrer plus ou moins la nature véritable de l'anormal, et se sent en conséquence obligé à le nier et à le combattre. La conscience de cette obligation est une source d'actions qui ne sont pas conformes aux lois physiques de la pensée et de la volonté, qui tendent, au contraire, à en invalider les effets.

Elucidons cela dans un exemple particulier. Une erreur ne peut se faire accepter qu'en paraissant être une vérité : cette déception est la condition nécessaire de son existence ; dès que l'erreur a été reconnue comme telle, elle est supprimée ou anéantie : il n'y a plus d'erreur. Or, l'homme, ayant la conscience de cette nature anormale de l'erreur, et de son opposition avec la vérité, reconnaît l'obligation de combattre l'erreur et de rechercher la vérité. Dans cette recherche, il doit soustraire ses convictions à toute action des lois physiques, et conduire sa pensée exclusivement suivant des normes logiques. Sa conviction ou sa croyance est alors déterminée, non par des causes physiques, mais par des raisons et des arguments. Comme produisant des effets réels, les raisons et les arguments sont des causes réelles aussi ; mais

4*

ce ne sont pas des causes physiques, puisqu'ils
produisent leurs effets, non en vertu de lois physiques, mais en vertu de lois logiques qui en
diffèrent par toute leur essence, agissant non par
la force, mais par la persuasion. Une pensée régie
ou déterminée par des lois physiques (les lois de
l'association des idées et autres) ne pourrait
jamais constituer la science ; car la constitution
de la science demande une scrupuleuse conformité de la pensée à des principes et des méthodes
logiquement valides.

Or, ce qui a lieu dans le domaine de la pensée
et de la connaissance a également lieu dans le
domaine du sentiment et de la volonté. Que le
mal soit quelque chose d'anormal et implique la
tendance à se nier et à s'anéantir lui-même, cela
ne peut pas être sujet au doute ; car, lorsque nous
sommes nous-mêmes atteints d'un mal quelconque, nous faisons tous nos efforts pour l'anéantir
ou pour nous en débarrasser. La conscience de la
nature anormale du mal et de son opposition avec
le bien implique l'obligation de ne jamais faire le
mal et de tâcher de faire le bien. Cette obligation
ou loi morale produit aussi des effets réels, sans
être une loi physique, étant plutôt opposée aux
lois physiques de la volonté. Car, par une déception déplorable, mais profondément enracinée dans
sa nature physique, son propre bien apparaît
souvent à l'homme comme lié à la dégradation et

à la servitude des autres. Par sa nature physique, l'homme est porté à chercher son propre bien aux dépens des autres, et ce penchant triomphe malheureusement trop souvent des impulsions de la loi morale. C'est pourquoi on a toujours dû employer des moyens coercitifs pour réprimer cette tendance à l'injustice. Mais quoique tout ce qui arrive ait sa cause, et que l'homme aussi ne fasse le mal qu'en vertu de causes contenues dans sa nature physique, il ne peut pas justifier ses mauvaises actions par leur nécessité physique, mais se reconnaît coupable intérieurement. Car il a la conscience plus ou moins claire que le mal est anormal, n'a pas le droit de se produire, et que nulle nécessité ne peut justifier l'anormal, puisqu'il est étranger à la nature vraie ou absolue des choses, et que sa nécessité, par conséquent, ne peut non plus avoir de caractère absolu.

Ici nous pouvons voir dans tout son jour l'opposition du moral et du physique et la signification véritable de la responsabilité morale. Si l'on se met au point de vue de la nature physique, l'enchaînement physique des événements ne semble laisser aucune prise à l'action des causes non physiques, et la nécessité physique de tous les événements paraît être absolue. Les naturalistes modernes, qui ne connaissent que la nature physique, sont donc conséquents en niant toute liberté. Mais si l'on se place au point de vue de la conscience

morale, on voit que rien d'anormal, ni l'injustice,
ni l'erreur, ni la déception, ne doit et ne peut
avoir un pouvoir absolu sur l'homme, parce que
l'anormal est absolument condamnable, n'a pas le
droit d'exister. Or, de ces deux points de vue qui
s'excluent mutuellement, le point de vue de la
conscience morale est le seul valide; car les lois
physiques n'ont pas, comme il a été montré, de
validité absolue, étant les lois d'une réalité fondée
sur la déception. La conscience de l'obligation
morale est donc non seulement un motif qui produit des effets réels, contrairement à l'action des
lois physiques; elle n'est pas seulement une cause
dans la série des autres causes, mais nous voyons
et reconnaissons, de plus, qu'elle doit être le motif
dominant, la cause prépondérante, parce qu'elle
possède seule le droit suprême de se faire valoir.
C'est pourquoi nous ne pouvons pas justifier nos
actions mauvaises par la prépondérance des causes
physiques qui les ont produites.

La possibilité de concilier la liberté avec la
nécessité est donnée uniquement par la notion que
la réalité physique est fondée sur une déception,
et que les lois physiques, en conséquence, n'ont
point de validité absolue. Or, cette notion donne
aussi la possibilité de concilier la science physique
avec la religion, en assignant à l'une et à l'autre
des domaines distincts, et en prévenant, par cela,
toute collision entre elles. La nature physique

étant anormale, Dieu, l'objet de la religion, est
la nature normale des choses et doit être conçu
comme une puissance purement morale. L'idée
de Dieu ne peut donc pas servir à l'explication de
la nature physique des choses, parce que la norme
ne peut pas renfermer la raison suffisante de l'anomalie qui lui est opposée. La religion n'a donc
rien à démêler avec la science physique. Mais la
science physique a encore moins le droit de s'in-
gérer dans le domaine de la morale et de la religion, parce que toutes ses doctrines n'ont que cette
vérité relative qui a été caractérisée dans un article
précédent, et ne peuvent en aucun sens prévaloir
contre les vérités absolues que nous révèle la conscience morale. La notion que Dieu n'est ni la cause
ni, en quelque sens que ce soit, la raison suffisante du monde et ne peut pas servir à l'expliquer,
établit l'indépendance de la science physique vis-
à-vis de la morale et de la religion. La notion que
le monde physique est anormal, fondé sur une
déception, et que la science physique ne possède
qu'une vérité relative, établit l'indépendance et la
primauté de la morale et de la religion vis-à-vis de
la science physique. Sacrifier le moral au physique, comme on le fait dans le temps actuel, c'est
sacrifier la réalité à une ombre, c'est commettre
une erreur qu'on doit expier bien chèrement, car
c'est sacrifier tout ce qui peut donner du prix à
l'existence.

II

Après avoir montré la raison et le fondement de la responsabilité morale et de la liberté qu'elle présuppose, il faut encore analyser la notion de la liberté, en préciser la nature et montrer comment les hommes ont été amenés à intervertir cette notion de manière à en faire la conception vide de sens qu'on débite sous le nom de libre arbitre.

Pour voir ce que signifie au juste la liberté, il faut la prendre dans l'acception ordinaire de ce mot. Or, on entend habituellement par liberté l'absence d'entraves et de contrainte venant du dehors. On dit qu'un homme est libre quand il n'est ni forcé de faire ce qu'il ne veut pas, ni empêché de faire ce qu'il veut. La liberté est donc la faculté de se déterminer soi-même, indépendamment de toute influence étrangère à soi. La question dont nous avons à nous occuper est celle-ci : L'homme est-il libre dans sa volonté elle-même? Et dans quel sens cette liberté de la volonté doit-elle être comprise ?

De prime abord, cette question semble être dénuée de sens. Si la liberté est l'absence de toute contrainte venant du dehors, comment l'homme pourrait-il ne pas être libre dans sa volonté elle-même, qui est quelque chose de tout à fait intérieur? Mais on comprend le sens de cette question quand on songe que les impulsions intérieures sont quelquefois opposées les unes aux autres. Qu'est-ce qui décide la victoire d'un motif intérieur sur un autre? Si c'est simplement la plus grande intensité ou force physique du motif prévalant, alors tout se passe dans l'homme suivant les mêmes lois physiques que dans la nature animale; or, personne n'attribue la liberté aux animaux : pour être libre, il ne suffit donc pas d'être déterminé par des motifs apparemment intérieurs. En fait, si la liberté est un problème qu'on n'a pas éclairci jusqu'à présent, c'est que l'homme n'est pas libre originairement, c'est-à-dire dans sa nature physique. Si l'homme était libre originairement, il n'y aurait aucune possibilité de douter de sa liberté ni d'en chercher la signification si longtemps en vain. Mais l'homme a une origine dans le temps; or, tout ce qui naît dans le temps est produit par des causes antérieures; donc l'homme aussi, dans sa nature physique, est un produit de causes différentes de lui-même. Il ne possède pas de nature qui lui soit vraiment propre, il est, par conséquent, originairement tout à fait dénué de liberté, c'est-à-dire de la faculté de se déterminer soi-même, suivant les lois de sa propre nature. Contrairement à cet état de choses, l'homme a, comme nous l'avons déjà relevé, la conscience de sa responsabilité morale. C'est la contradiction qu'il s'agit de concilier, et il est curieux de voir comment on s'y est pris jusqu'à présent.

Ne pouvant pas montrer que l'homme se déter-mine suivant les lois de sa propre nature — puisque sa nature physique ne lui est pas vraiment propre, étant le produit de causes étrangères — on s'est avisé de lui attribuer la liberté de se déterminer sans cause et indépendamment de toute loi. Pré-cisément parce que la nature physique de l'homme ne contient rien d'absolu, on lui attribue une liberté absolue tout à fait distincte et détachée de sa nature physique qui est soumise aux lois phy-siques. Malheureusement, cette supposition a l'in-convénient d'être dénuée de sens, et ne correspond nullement à la vraie notion de la liberté. Se déter-miner sans cause, c'est être déterminé par le néant ou le hasard, non par sa propre nature. Si l'homme possède une nature qui lui est propre, elle doit renfermer les motifs de ses déterminations libres, et, s'il n'en possède point, il n'y a pas de liberté possible pour lui. Cette supposition nous éloigne en même temps de la compréhension même de notre problème. Le problème est l'opposition de la loi morale et des lois physiques de la volonté, et le droit de la loi morale de primer toutes les lois physiques ; or, la faculté de se déterminer sans cause n'a ni valeur ni signification morale : ce serait simplement la faculté de n'être ni de vou-loir rien en particulier qui ne se rencontre guère dans le monde réel. On a pourtant essayé de lui donner une signification morale, en la définissant comme la faculté de se porter indistinctement, sans cause, au mal comme au bien. On entend, par liberté, la faculté de choisir à volonté le mal comme le bien, et même on s'est servi de cette liberté prétendue de l'homme pour expliquer l'origine du mal dans le monde : le mal est venu de ce que l'homme, possédant la liberté absolue de vouloir le mal comme le bien, a préféré sans cause le mal.

Cette explication de l'origine du mal mérite qu'on s'y arrête un instant, parce qu'elle met au jour certains penchants de l'esprit humain, dont la connaissance est bien instructive. A la question : Quelle cause a produit originairement le mal? on répond : La cause du mal est dans la liberté de l'homme; et on entend par liberté la faculté de se déterminer sans cause. On affirme donc, en réalité, que l'origine du mal n'a pas eu de cause, tout en ayant l'air d'en indiquer une : la cause du mal est, dit-on, la faculté de l'homme de se déterminer sans cause. De cette manière on élude le problème, tout en faisant semblant de le résoudre, et cet artifice a réussi à en imposer aux hommes pendant un millier d'années, et n'a pas perdu tout crédit, même aujourd'hui.

Toutefois, cette manière de raisonner ne serait qu'amusante si elle n'avait pas pour résultat fâcheux de fausser la notion de la liberté morale.

5

Dire que l'homme peut, par sa nature, se porter
indistinctement au mal comme au bien, c'est lui
dénier précisément sa qualité d'être moral. Sa qualité d'être moral repose entièrement sur la conscience que le bien est seul conforme à sa nature
normale, que le mal y est, au contraire, opposé. Il
y a donc une contradiction logique dans la supposition que l'homme ou, en général, un être réel
quelconque puisse choisir le mal par une détermi-
nation vraiment libre, par une impulsion de sa
propre nature, puisque le mal est étranger et même
hostile à la nature normale des choses. Qui est-ce
qui s'aviserait d'attribuer à l'homme la liberté de se
faire du mal à lui-même ? On voit bien que ce serait
une supposition parfaitement ridicule, parce que
jamais personne ne se veut de mal à soi-même. La
liberté morale consiste donc exclusivement dans
l'amour et la pratique du bien et dans la résistance
au mal. L'homme n'est libre moralement qu'autant qu'il se porte au bien ; au contraire, il cesse
d'être libre quand il se laisse entraîner au mal. Si
l'homme n'est pas libre dans sa nature physique,
c'est que les lois de sa nature physique ne le portent pas au bien, mais plutôt au mal. Sa nature
physique, son individualité, reposant sur une déception, cette déception lui fait voir son bien dans
la satisfaction de ses désirs égoïstes, aux dépens
du bien des autres. C'est là le point de vue essentiel pour la compréhension de la liberté morale.

La liberté est la part de l'absolu dans l'homme ; or, son individualité ne peut renfermer rien d'absolu, puisqu'elle est un produit de causes ; la part de l'absolu, dans l'homme, ne peut donc être autre chose que sa conscience de l'absolu, c'est-à-dire de la nature normale des choses, qui est précisément sa conscience morale témoignant que le bien et le vrai sont seuls conformes à la nature normale ou absolue des choses, et, seuls, ont le droit d'exister. Toutes les impulsions de la nature physique de l'homme qui le portent à l'erreur, au vice et à l'injustice, ne lui sont donc pas vraiment propres, ne lui semblent être ses propres inclinations qu'en conséquence de la déception dont dépend son individualité elle-même. La liberté consiste donc à vouloir et à faire le bien, et non dans une faculté de vouloir sans cause et de se porter indistinctement au mal comme au bien.

Il est vraiment surprenant qu'on ait si longtemps méconnu la vraie nature de la liberté, qu'on ait toujours voulu en faire une faculté absolue de l'individu comme tel; car rien n'est plus évident que la contradiction logique que renferme cette supposition. Reconnaître que l'homme est une créature, un produit de causes, et, en même temps, lui attribuer une faculté absolue, c'est-à-dire ne dépendant d'aucune cause, c'est évidemment ne pas savoir soi-même ce qu'on pense et ce qu'on affirme. On a eu recours à cette opposition contradictoire pour expliquer la responsabilité morale ; mais, en réalité, on n'explique rien en affirmant et en niant la même chose en même temps. On parvient, par là, seulement à produire une confusion dans la pensée, qui fait passer le désir de l'explication pour l'explication elle-même. La supposition du libre arbitre, de la faculté de se déterminer sans cause, ne peut pas expliquer la responsabilité morale, parce qu'elle ne possède elle-même aucun caractère moral. La responsabilité morale repose, comme on l'a vu, sur la conscience que les lois physiques n'ont pas de validité absolue, et que, la loi morale ayant seule le droit suprême de se faire valoir, une infraction à cette loi ne peut être justifiée par aucune cause ou nécessité physique. La liberté n'est donc point une faculté ou un état originaire de l'homme, mais une exigence de sa nature supérieure qu'il ne peut pas renier, parce qu'il voit ou sent que ce serait renier son vrai moi, ce qu'il y a de vraiment propre à lui-même.

En fait, la conscience du droit suprême de la loi morale ne parvient pas toujours à vaincre les impulsions injustes et vicieuses ; malheureusement, et nous ne le savons que trop. La prédominance du mal dans les inclinations des hommes est même si grande, que quelques théologiens ont affirmé que l'homme ne peut jamais, par sa propre force, s'élever au bien, qu'il a besoin, pour cela, d'une grâce particulière de Dieu.

En vérité, toute élévation morale est un état de grâce, puisqu'elle est due au sentiment et à la conscience du divin se faisant valoir dans le domaine de la nature, en dépit des lois de la nature ; mais cette grâce s'acquiert moins par des prières que par la connaissance vraie des choses, par la vue nette que Dieu, le bien pur, est la nature normale et absolue des choses ; que le mal est étranger et même hostile à notre nature normale ; que nous sommes portés au mal par une déception qui gît au fond de notre nature physique. Rien ne peut autant contribuer à notre élévation au-dessus de la nature physique que la connaissance de son caractère décevant et anormal en tout ce qui la rend opposée à la loi morale qui est aussi la loi divine. S'il y a beaucoup de gens méchants ou mauvais, il faut l'attribuer en grande partie à ce qu'ils n'ont une vue nette ni de leurs mauvaises qualités ni du sens de la loi morale. Un scélérat qui, comme le Richard III de Shakespeare, aurait une conscience claire de sa scélératesse, serait assurément une exception. Vivant dans l'illusion et l'apparence, les hommes trouvent toujours une justification apparente de ce qu'ils sont et de ce qu'ils font. La connaissance vraie est donc la source et le fondement de toute vraie liberté ; tant que sa pensée est assujettie à l'erreur et à la déception, l'homme tout entier manque de liberté ; le soleil du monde moral est voilé pour lui. C'est cette liberté de la pensée qu'il nous reste encore à envisager.

III

Jamais je n'ai vu traiter de la liberté morale dans le domaine de la pensée et de la connaissance. En effet, la manière ordinaire de concevoir la liberté s'y oppose. Quand on comprend la liberté, dans le domaine de la volonté, comme une faculté de vouloir sans cause, il faut la comprendre, dans le domaine de la pensée et de la conviction, comme une faculté de croire sans preuves et sans raisons; et on ne peut espérer justifier une telle « liberté » devant la raison, puisqu'elle en implique la néga-tion. Cependant la liberté morale a son domaine dans la pensée tout aussi bien que dans la volonté, et signifie la même chose dans l'une que dans l'autre. Toute liberté morale est liée à une obligation intérieure, à la conscience de normes qu'on doit suivre pour être libre. Or, on n'a jamais reconnu, d'une manière explicite, une obligation envers la vérité. On reconnaît bien l'obligation de ne pas mentir, de ne dire que ce qu'on croit être vrai, mais non l'obligation de ne croire vrai que ce qui est prouvé d'une manière suffisante. Comme les convictions d'un homme ne touchent en rien les autres hommes, tant qu'elles ne so

traduisent pas en actions préjudiciables à leurs
intérêts, il ne peut y avoir aucune obligation
sociale en matière de conviction, et chacun est libre
de croire ce que bon lui semble. Mais si l'homme
n'a pas, en matière de convictions, d'obligations
envers les autres, il en a une envers lui-même ;
car, s'il se laisse induire en erreur, il devient
esclave intérieurement, et il n'y a même pas de
servitude plus manifeste que l'assujettissement à
l'erreur. C'est ce qu'il importe de voir clairement.

La vérité ou la connaissance de la vérité est
l'état normal de l'intellect ; l'erreur ou la croyance
erronée en est, au contraire, un état anormal.
Or, la connaissance de la vérité, ou l'état normal
de l'intellect, n'est constitué qu'en tant que nos
croyances et nos convictions sont produites ou
déterminées exclusivement par des raisons et des
arguments en conformité avec les lois logiques ;
que toute influence de causes ou de lois physiques
en est complètement éliminée. Car toute erreur
est due à l'action de causes ou de lois physiques
sur nos jugements. Cela tient à ce que la croyance
ou la conviction, par sa nature, n'est pas le moins
du monde un fait ou phénomène physique, étant
d'essence logique ; mais que, originairement, nos
croyances et nos jugements sont néanmoins assu-
jettis à des causes et à des lois physiques : à
l'association des idées, aux habitudes, aux pré-
férences, etc. L'état normal ou la liberté de l'in-

telligence n'est donc pas son état originaire, mais doit être conquis par une longue discipline de l'esprit. Nous naissons dans un état anormal, dans l'erreur et la servitude, et devons nous élever par nos propres efforts à la vérité et à la liberté.

Le fondement de la liberté morale en matière de conviction est donc la maxime de ne rien croire sans preuves suffisantes, et partant de ne reconnaître aucune autre autorité que celle de la raison elle-même, de ne rien accepter sur la foi d'autorités extérieures. Certainement, aucun homme, pas même le plus savant, ne peut se dispenser de croire beaucoup de choses sur l'autorité des autres, puisqu'aucun ne peut tout voir et explorer lui-même ; mais il doit s'assurer que ce qu'il reçoit des autres a été atteint par des voies et des méthodes qui en garantissent la vérité exacte, sinon suspendre son jugement. Et en matière de vérités morales et religieuses, on ne peut plus du tout s'en référer aux autres ; il faut nécessairement tout peser et examiner soi-même avant de rien croire, parce que les vérités dont il s'agit de s'assurer la possession sont ici d'une importance suprême, et, de plus, n'ont point d'autre source ni d'autre garantie que le dictamen et les données de notre propre conscience.

Or, le monde européen a vécu pendant quinze siècles sous la domination d'une autorité extérieure qui s'est posée en antagonisme ouvert avec la raison. Au lieu de l'obligation morale de ne rien croire sans preuves suffisantes, on a mis l'obligation contraire de croire beaucoup de choses, et des plus incroyables, sans preuves fondées en raison, sur le simple témoignage de quelques hommes. Pour justifier cette prétention, on allègue une révélation extérieure de Dieu qui se serait produite il y a déjà longtemps. Cette supposition d'une révélation extérieure de Dieu est en effet un moyen bien commode pour faire valoir, en vertu du témoignage humain, des doctrines dont la validité ne peut, en aucune manière, être établie par ce témoignage. Mais, après ce que j'ai dit dans un article précédent, je n'ai pas besoin de démontrer que cette supposition est absolument dénuée de fondement. Dieu n'est point une cause physique, et ne peut se révéler du dehors. Dieu est la norme suprême, la nature normale des choses, et il n'y a point d'autre révélation possible de Dieu que dans notre conscience de normes logiques et morales. Les révélations prétendues extérieures tendent précisément à oblitérer cette révélation authentique, en y substituant des imaginations qui datent de l'enfance de l'humanité. Sous leur domination, le hasard de la naissance décide des convictions des hommes dans les matières les plus importantes. Le même homme, s'il était né d'autres parents, adorerait ce qu'il méprise à présent, et mépriserait ce qu'il adore. Il peut même arriver que, en vertu

5*

d'une loi ou d'une convention, dans une même
famille, un enfant appartienne à une religion
et un autre à une autre ; obéissant au hasard de la
naissance, ils sont obligés, de par leurs religions,
de se considérer mutuellement comme des ré-
prouvés et presque comme des ennemis de Dieu.
En agissant ainsi, les hommes renoncent à leur
qualité d'êtres libres et raisonnables.

Evidemment, l'autorité théologique officielle se
condamne elle-même, en affirmant que Dieu nous
défend l'amour et la recherche désintéressés de la
vérité, qu'il nous commande de croire sans preuves,
même des choses contradictoires, et nous menace
de son déplaisir en cas de contravention ; car rien
n'est plus contraire à la vraie notion de Dieu, qui
est la source même de la vérité et de l'amour désintéressé du vrai. Aussi la doctrine officielle
tend-elle, de plusieurs manières, à abaisser le caractère moral des hommes. En premier lieu, elle
leur ôte l'indépendance du jugement dans les
questions morales et religieuses, et leur fait pra-
tiquer le bien, non par amour désintéressé du
bien, mais par la perspective de peines et de
récompenses futures, établissant ainsi la moralité
elle-même sur un calcul de l'égoïsme. Or, le jugement moral et l'amour désintéressé du bien,
fondés tous les deux sur la conscience intime que
le bien est seul conforme à notre nature normale,
constituent précisément la vraie moralité, et ma-

nifestent l'élément divin dans l'homme. On voit donc ce qu'il y a de pernicieux dans la morale officielle. Les hommes d'une élévation d'âme naturelle, mais doués de peu de perspicacité, peuvent, il est vrai, conserver l'amour désinté‐ressé du bien, tout en professant la morale offi‐cielle ; mais alors ils méconnaissent ce qu'il y a de meilleur en eux (1). Au commun des hommes, cette morale rend impossible toute véritable élévation d'esprit. La vertu prêchée par les dévots est la vertu de l'esclave qui se croit toujours sous l'œil du maître (2).

La doctrine officielle a, en outre, une tendance à fausser les notions morales elles-mêmes, en faus‐sant la norme ou l'idéal de perfection, l'idée de Dieu. Comme je l'ai déjà remarqué dans un article

(1) Voici un témoignage de A. de Tocqueville à ce sujet : « J'ai rencontré des chrétiens zélés qui s'oubliaient sans cesse, afin de travailler avec plus d'ardeur au bonheur de tous, et je les ai entendus prétendre qu'ils n'agissaient ainsi que pour mé‐riter les biens de l'autre monde ; mais je ne puis m'empêcher de penser qu'ils s'abusent eux-mêmes. Je les respecte trop pour les croire. » (*Œuvres complètes*, 1865, III, p. 205.)

(2) Jésus a bien dit : « Servez Dieu non en esclaves, mais en fils de la maison. » Mais pour ne pas servir Dieu en esclave, il ne faut pas voir en lui un maître dont la loi est un comman‐dement extérieur appuyé sur la menace de peines et la promesse de récompenses futures. Le précepte d'adorer Dieu « en esprit et en vérité, » s'il signifie quelque chose, recommande précisé‐ment d'adorer Dieu comme une puissance purement intérieure et morale, sans attributs physiques et incapable d'avoir égard à des craintes et à des désirs égoïstes.

précédent, la nature étant immorale, quand on attribue à Dieu la création et le gouvernement du monde, il doit s'ensuivre une falsification des notions morales. On est alors forcé de supposer que la bonté, la moralité et la justice, en Dieu, sont différentes de la bonté, de la moralité et de la justice chez les hommes, et qu'elles n'en sont pas moins la bonté, la moralité et la justice parfaites. On affirme, par exemple, que la bonté de Dieu est compatible avec une cruauté sans bornes, avec la création d'une infinité d'hommes pour des tourments éternels; que sa moralité est compatible avec l'emploi des moyens les plus répréhensibles, comme le montre le cours de l'histoire; que sa justice est compatible avec la punition des descendants pour les fautes de leurs aïeux, et avec le règne de l'injustice sur la terre, — et on nous somme d'y reconnaître l'idéal, la perfection même de la bonté, de la moralité et de la justice. Mais c'est là un abus du langage, qui manifeste une confusion de la pensée. Les mots empruntent toute leur signification des choses connues de nous qu'ils servent à désigner : les mots ne sont que l'expression de nos idées et de nos conceptions humaines. Attribuer à un mot une signification qui ne lui convient pas dans son acception ordinaire, c'est lui ôter toute signification concevable. Ce qui n'est pas bon, moral et juste suivant les notions humaines n'est, en aucune manière,

bon, moral et juste ; comment pourrait-on y voir
la perfection même de la bonté, de la moralité et
de la justice? Il n'y a pas de falsification plus flagrante de notions dont la pureté importe le plus
au bien, spirituel et matériel, de l'humanité.

Aussi l'autorité officielle a-t-elle produit, pendant sa longue domination, plusieurs effets fu-
nestes, dont nous n'avons à relever ici qu'un seul :
le divorce entre la science et la vertu, entre le
perfectionnement intellectuel et le perfectionnement moral.

L'élément divin, dans l'homme, se manifeste tout
aussi bien par son aptitude à la science que par
son aptitude à la vertu. L'homme ne s'élève à la
science, comme à la vertu, qu'en suivant des lois
qui ne sont pas, de leur nature, physiques, qui
produisent leurs effets par une puissance non physique, mais morale, non par la force, mais par la
persuasion fondée sur la conscience que le bien et
le vrai ont seuls le droit d'exister et de se faire
valoir. En proscrivant la recherche désintéressée
et scrupuleuse de la vérité, l'autorité officielle a
donc mutilé la nature morale des hommes, leur a
rendu impossible la vraie liberté intérieure, et les
suites s'en font sentir même de notre temps,
malgré l'affaiblissement de cette autorité. Car les
hommes ont désappris à chercher eux-mêmes le
but et la signification de leur existence et les
principes qui doivent conduire leur vie, ce qui a

produit un désaccord complet entre la morale qu'ils professent officiellement et leur manière de vivre. Dans l'antiquité, tout homme s'élevant au-dessus du vulgaire tâchait de conformer sa vie à ses principes ou à ses convictions ; mais il n'en est plus de même dans le monde chrétien. C'est que, dans l'antiquité, chacun cherchait sa morale par l'exercice de sa propre raison, et elle était en conséquence une puissance réelle, un principe de vie intérieure, tandis que dans le monde chrétien on a une morale officielle qu'on reconnaît extérieurement, mais qu'on ne songe jamais à mettre en pratique, parce qu'elle est impraticable, et aussi parce qu'elle veut non pas être discutée et vraiment comprise, mais s'imposer d'une manière tout extérieure, comme un commandement d'en haut. Or, il n'y a, même à présent, point d'autre enseignement moral que celui de la doctrine officielle ; la philosophie a poursuivi, dans les temps modernes, des buts théoriques seulement, et même les doctrines de morale se sont présentées comme de pures théories, sans aucune prétention d'exercer sur la vie la moindre influence. La suite en est qu'il n'y a point de morale raisonnée.

Dans ces derniers temps, on a même vu paraître des doctrines morales qui ont pour fondement la négation d'une nature morale dans l'homme. Les auteurs de ces doctrines font dériver le moral du physique. Les uns s'efforcent de montrer qu'il est dans l'intérêt bien entendu de la société et de chacun en particulier de suivre la loi morale, restreignant l'égoïsme par l'égoïsme, et ils croient donner par là, à la morale, une base suffisante [1]. D'autres s'imaginent avoir assez fait en montrant, à leur manière, comment les hommes sont parvenus à la notion d'une loi morale, et ils attendent le perfectionnement moral de l'humanité d'une évolution naturelle s'accomplissant suivant des lois physiques. Ces auteurs semblent donc ne pas même se douter de quoi il s'agit dans une doctrine morale, et cependant il est bien évident qu'il n'y a pas de vraie moralité sans une obligation et une responsabilité morale, intérieure. La question fondamentale est donc celle-ci : pourquoi la loi morale est-elle obligatoire pour nous ? Or, à cette question on n'a jamais trouvé de réponse, quoique, pour trouver cette réponse, il suffise de bien comprendre le témoignage de notre propre conscience morale, qui dit clairement que, seuls, le bien et le vrai, non le mal et le faux, sont conformes à notre nature normale et à la nature normale des choses en général. C'est que, pour saisir le sens de ce témoignage, il faut savoir que la nature physique,

---

(1) Vouloir faire dériver la morale de l'égoïsme, vouloir restreindre l'égoïsme par lui-même, c'est, en vérité, vouloir chasser le démon par Béelzébuth : c'est entreprendre une œuvre condamnée, par son principe même, à la stérilité et à l'impuissance.

y compris notre individualité elle-même, repose
sur une déception et n'est pas la nature normale
des choses. Cette notion est la clef qui nous ouvre
l'intelligence des choses, pour autant qu'elles
peuvent être comprises. Le sens et le fondement
de l'obligation, de la liberté et de la responsabilité
morale, le lien de la morale avec la métaphysique
ou la religion, la conciliation de la religion avec
la science physique, tous ces grands problèmes
dont on a cherché la solution si longtemps en vain,
se trouvent résolus d'un coup, par la seule notion
que la nature physique des choses est anormale et
fondée sur la déception, et qu'on doit, par conséquent, voir en Dieu ou l'absolu non la cause ni
la raison suffisante du monde, mais bien la nature
normale et l'unité supérieure des choses, qui est
la source et la substance de toute perfection. Il
faut seulement renoncer à la tâche impossible
d'expliquer l'anormal, qui est par sa nature inexplicable, et se borner à constater les faits et leur
signification, et à bien comprendre le témoignage
de notre conscience morale, pour parvenir à une
vue des choses qui nous élève au-dessus des
misères de notre nature physique.

On peut donc encore espérer une régénération
de l'humanité par la connaissance, et l'on ne peut
l'attendre d'aucune autre cause. Rien ne peut
rendre les hommes meilleurs et les affranchir de
l'asservissement à des intérêts bas et mesquins, si

ce n'est la connaissance vraie des choses, et particulièrement de la nature humaine : du caractère
anormal et décevant de sa partie physique ou animale, et du caractère divin de sa partie morale et
raisonnable. Non que l'homme puisse supprimer
sa nature physique, toute fondée qu'elle est sur une
déception, mais il ne doit pas se laisser dominer
par elle ; et c'est la connaissance vraie des choses
qui lui fera atteindre ce résultat. Quand les hommes
seront en possession de cette connaissance, ils ne
consumeront plus leur vie dans la poursuite de
buts égoïstes, dont la nature est illusoire, et dont
la vanité a été reconnue depuis que la réflexion
existe sur la terre. L'humanité ne peut pas vivre
toujours d'illusions et d'apparences ; sa vocation est
de marcher à des destinées plus hautes.

QUATRIÈME ARTICLE

RAPPORTS DE L'AME ET DU CORPS

———

Si une question peut être appelée « la croix des philosophes, » c'est assurément celle qui concerne les rapports de l'âme et du corps. C'est que nulle part ailleurs, en effet, les différentes espèces de déception que renferme notre expérience ne s'enchevêtrent d'une manière aussi compliquée qu'en ce point. Aussi a-t-il fallu parcourir toutes les voies de l'erreur avant qu'il devînt possible de s'avancer avec quelque assurance dans la connaissance de ce sujet. Une énumération des principales théories auxquelles il a donné naissance servira à en faire entrevoir les difficultés.

En premier lieu vient la doctrine spiritualiste, suivant laquelle l'âme et le corps sont deux substances disparates, mais intimement unies l'une à l'autre. Comme l'idée de substance exclut toute dépendance de la substance par rapport aux choses

existant en dehors d'elle-même, les partisans du
spiritualisme ont dû avoir recours à la toute-puissance de Dieu, pour expliquer l'union de l'âme et
du corps. Mais recourir, pour l'explication des
choses, à la toute-puissance, c'est avouer, d'une
manière voilée, qu'on est hors d'état d'en donner
l'explication. Aussi le spiritualisme n'a-t-il pu se
maintenir, et l'on a dû chercher d'autres voies et
manières d'explication.

Il y a eu des idéalistes, qui, comme Fichte, es-
sayaient de déduire du moi non seulement leur
corps, mais tous les corps, et, en général, ce qu'on
appelle le non-moi. D'autres ont prétendu que l'âme
se construit son corps elle-même. Par contre, le
matérialisme, aujourd'hui dominant, affirme que
la vie psychique ou spirituelle est une simple fonction du cerveau, comme la sécrétion est la fonction
d'une glande. Un matérialisme déguisé, et pour
ainsi dire honteux de lui-même, est la « philosophie positive » d'Auguste Comte qui prétendait
éliminer toute métaphysique, ne s'en tenir qu'aux
faits eux-mêmes, mais qui n'en croyait pas moins
à l'existence réelle des corps. Or, les corps sont,
d'après leur concept, des objets absolus ou métaphysiques, existant indépendamment de toute expérience ; les partisans de la « philosophie positive »
font donc de la métaphysique, comme M. Jourdain
faisait de la prose, sans s'en douter. Le vrai positivisme ne se rencontre que chez les sensualistes,

qui n'admettent, dans le monde de l'expérience, aucune substance ni spirituelle ni matérielle, qui ne connaissent que les sensations et les lois de leurs coexistences et de leurs successions. Le représentant le plus distingué de ce sensualisme a été, de notre temps, sans contredit, Stuart Mill. Mill définissait le moi « une possibilité permanente de sensations, » et les corps aussi « des possibilités permanentes de sensations. »

Il ne faut pas oublier non plus, dans cette énumération, la doctrine de Spinoza et ses dérivées, d'après lesquelles la pensée et l'étendue, le moi et le non-moi, sont des attributs, et des modes ou des accidents d'une substance unique qui nous est inconnue. Du reste, ces doctrines n'ont pas besoin d'une longue réfutation. L'expérience nous présente non une substance unique, mais une multitude de substances ; si donc il n'y a, en réalité, qu'une substance unique, les qualités et les choses de ce monde ne peuvent être ni des attributs ni des modes ou des accidents de cette substance unique, puisqu'elles ne la font pas connaître.

Presque toutes les doctrines énumérées ci dessus renferment quelque chose de vrai, la constatation d'un côté ou d'un aspect des choses ; mais elles pèchent en ne tenant pas compte des autres côtés ou aspects, en voulant construire des théories complètes avec des données incomplètes, sacrifiant ainsi la connaissance des choses au désir de les expliquer. Là-dessus je dois faire une remarque générale avant d'entrer en matière.

La science a deux buts ou deux intérêts distincts : elle cherche 1° la connaissance des choses, et 2° leur explication. Il est clair, tout d'abord, que l'explication des choses doit servir elle-même à leur connaissance, bien loin de lui être opposée. Mais l'explication des choses est, pour ainsi dire, leur connaissance en gros, et le désir d'y parvenir nuit souvent à leur connaissance dans les détails. Le désir de l'explication porte à négliger ou même à dissimuler les différences des choses et la multiplicité des points de vue ; et c'est là la source la plus abondante d'erreurs, comme le montre l'histoire de toutes les sciences. La science physique elle-même n'est devenue possible et n'a commencé à faire des progrès que depuis qu'on s'est avisé qu'il faut constater soigneusement les faits dans toute leur diversité et sous tous leurs aspects avant d'en entreprendre l'explication. Or, cela est encore plus nécessaire dans l'investigation de notre moi et de ses rapports avec son corps et avec le monde des corps en général ; car la science de notre moi ne peut pas, comme la science des corps, se renfermer dans le domaine de l'apparence et posséder, néanmoins, une valeur réelle. La science de notre moi doit le montrer sous tous les points de vue qu'il prête à l'investigation, ou elle n'est pas du tout une science. Or, en considérant notre moi de

tous les côtés, on constate qu'il ne peut pas être
expliqué, que la nature de notre unité et de notre
identité personnelles échappe à toutes les prises de
l'intelligence. Le premier devoir est donc, ici, de
se renfermer strictement dans la constatation des
faits, et de veiller à ce que le désir de l'explication
ne porte pas la moindre atteinte à la certitude et à
la plénitude des résultats de notre investigation.
Du reste, je ne pourrai, dans ce qui suit, qu'indiquer les aspects ou les points de vue principaux
que présente notre sujet.

I

Premier aspect. — L'homme inculte et peu exercé
à la réflexion ne se distingue pas lui-même de son
corps, tient son corps pour une partie intégrante
de lui-même; mais c'est là l'effet d'une association
d'idées produite par l'habitude de trouver son corps
toujours étroitement uni à toutes les manifestations de sa vie intime. Cela ne peut pas être un
témoignage de la conscience de soi-même; car
nous reconnaissons, au contraire, le monde des
corps, immédiatement dans la perception, comme
un monde qui nous est étranger et extérieur, et
notre corps fait partie du monde extérieur. Notre
corps est composé des mêmes éléments qui se
trouvent répandus ailleurs, et, de plus, il se re-

nouvelle sans cesse par l'afflux de matières venant
du dehors sous la forme d'aliments ou de nour-
riture. Le fait fondamental de notre expérience
ou de notre conscience intérieure est donc, non
notre union avec un corps particulier, mais notre
différence d'avec tous les corps en général; car
elle tient à la différence fondamentale qui existe
entre notre expérience intérieure et notre expérience extérieure. La distinction du moi et du
non-moi, de l'esprit et de la matière, gît au fond
de toute notre expérience et la précède logiquement comme sa condition indispensable; tandis
que l'union de notre vie spirituelle avec un corps
particulier ne nous est connue elle-même que par
expérience, par induction, comme tous les autres
cas d'une liaison entre phénomènes donnés.

La distinction fondamentale de l'esprit et de la
matière a déjà été mise en lumière par Descartes
avec tant de force et de rigueur qu'on aurait dû
supposer que cette notion resterait pour toujours
acquise à l'intelligence humaine; et cependant
nous voyons que, de nos jours, cette notion se
trouve obscurcie d'une manière remarquable, précisément chez beaucoup de personnes cultivées.
Nous savons bien quelle en est la cause, et nous
y reviendrons plus loin. Pour le moment, il s'agit
de constater avec une exactitude scrupuleuse ce
que nous sommes nous-mêmes, sans nous soucier
de savoir si notre nature est susceptible d'expli-

cation ou non. Nous ne ferons pas de théories ;
nous nous bornerons à constater les faits.

Or, le fait fondamental est que nous existons
par la connaissance ou la conscience que nous
avons de nous-mêmes. Si l'on nous ôte la conscience de nous-mêmes, nous ne sommes plus. Il
peut y avoir, au fond de nous, quelque chose dont
nous n'avons pas conscience, mais cette chose
n'est pas nous ; notre moi n'existe qu'en tant
qu'il se connaît lui-même. De là s'ensuit cette
conclusion : De toutes les données et de tous les
éléments que présente notre expérience, ceux-là
seulement m'appartiennent en propre, font partie
intégrante de moi-même, que je reconnais comme
des parties de moi-même. Or, je me reconnais,
immédiatement, dans ma conscience, comme quelque chose qui sent, qui pense et qui veut ; les sensations, les pensées et les volitions sont donc les
seuls éléments de mon être, les seuls phénomènes
de ma propre vie à moi. De plus, je me reconnais
comme quelque chose d'un et de permanent, comme
une unité qui dure dans le temps.

Ces deux caractères, d'unité et de permanence,
nous devons les examiner de plus près, pour éta-
blir au juste ce que nous sommes.

Nous pouvons concevoir deux genres d'unité :
l'unité d'un objet et l'unité d'un agrégat ou d'un
assemblage. L'unité d'un objet est essentiellement
simple ; s'il se rencontre une diversité dans un

6

objet unique, elle doit être attribuée à la multiplicité de ses rapports avec les autres objets, non
à sa nature considérée en dehors de tous les rapports. Au contraire, l'unité d'un agrégat ou d'un
assemblage n'est qu'une liaison d'éléments différents et multiples en eux-mêmes. De cette nature
est, par exemple, l'unité d'un corps organisé.
Toutes les parties d'un organisme sont liées entre
elles, mais on ne peut pas apercevoir cette liaison
immédiatement; on ne trouve, dans la perception,
qu'une multitude de parties qui peuvent être sépa-
rées l'une de l'autre, et n'en continuent pas moins
d'exister, chacune pour soi.

Maintenant il faut poser cette question : Quel
genre d'unité paraissons-nous avoir dans la conscience immédiate de nous-mêmes? Est-ce l'unité
d'un objet ou celle d'un agrégat?

Evidemment, je m'apparais à moi-même, dans
ma conscience immédiate, non comme un agrégat,
mais comme un objet unique. Je suis un et indivisible, car sans cela je ne serais pas du tout. J'ai
bien des sensations, des pensées et des volitions
différentes, mais c'est toujours le même être, en
moi, qui sent, qui pense et qui veut. Les phénomènes divers de ma vie intime ne sont pas des
parties composant, par leur concours, un être
total ; ils sont des actes, des états ou des accidents
de mon moi un et indivisible qui est tout entier
dans chacune de mes sensations, de mes pensées

et de mes volitions. C'est là, à n'en pas douter, le témoignage de notre conscience immédiate de nous-mêmes. L'unité, en nous, semble, pour ainsi dire, absorber la diversité.

Or, cette unité du moi semble dominer non seulement dans la diversité coexistante de nos phénomènes intérieurs, mais aussi dans leur succession : notre moi apparaît comme quelque chose de permanent dans le flux des phénomènes. C'est le second caractère de notre moi, que nous avons à examiner.

Nous connaissons deux espèces de durée ou de permanence : la permanence d'un objet ou d'une substance, et la permanence d'un simple phénomène, et il faut voir clairement en quoi elles diffèrent.

Supposons une monnaie en métal, trouvée dans un tombeau de l'ancienne Egypte, et vieille de quatre ou cinq mille ans. Nous avons la certitude que cette monnaie est identiquement le même objet qui a existé aux temps des Pharaons, et qu'elle n'a subi, depuis ce temps, aucun changement essentiel. Les siècles écoulés n'ont laissé aucune trace dans cet objet ; cinquante siècles ne pèsent pas plus, pour lui, que cinquante minutes. Nous avons donc ici l'exemple d'une permanence qui est tout à fait en dehors et indépendante du temps. Les atomes de métal qui composent notre monnaie doivent être pensés comme n'ayant pas eu d'origine et ne pouvant jamais être anéantis,

par conséquent, comme existant, par leur nature,
tout à fait en dehors du temps.

Tout autre est la durée d'un simple phénomène.
La flamme d'une lampe ou d'une bougie qui brûle
tranquillement pendant cinq ou six heures a aussi
l'air d'un objet persistant et identique avec lui-
même ; mais nous savons que ce n'est qu'une
apparence. La flamme n'est pas le même objet
deux instants de suite ; elle n'est pas du tout, en
fait, un objet, mais un mouvement, une succession
ininterrompue de particules incandescentes. Ce qui
semble permanent ou persistant, dans la flamme,
n'est que la forme du courant lumineux. Aussi la
flamme peut-elle être éteinte à chaque instant, et
alors l'apparence de l'objet persistant s'évanouit.

Quel est maintenant le témoignage de notre
conscience sur la durée ou la permanence de
notre propre moi ? M'apparais-je à moi-même
comme un objet ou comme un simple phénomène ? Il est d'une évidence immédiate que je
m'apparais à moi-même comme un objet persistant et identiquement le même, depuis le commencement de ma vie consciente jusqu'à ce jour.
Je suis le même moi, le même sujet conscient que
j'étais hier, il y a un an, il y a trente ans ; et les
autres m'attribuent le même genre de durée ou
d'existence. Si l'on découvrait que j'ai commis un
délit l'année passée, on m'en rendrait responsable,
et je ne pourrais pas non plus nier que moi, qui ai

commis le délit l'année passée, et moi existant à l'instant présent, je ne sois le même individu, et, par conséquent, responsable du délit de l'année passée. Nous paraissons donc avoir la permanence ou la durée d'un objet ou d'une substance, non celle d'un phénomène qui n'est que la persistance d'une simple forme ou apparence ; sans cela, comment pourrait-il être question d'une personnalité en nous ?

On voit donc ce qu'il y a de vrai dans la doctrine du spiritualisme. Le spiritualisme affirme le témoignage de notre propre conscience, sur la nature de notre moi, à savoir que le moi est une substance, c'est-à-dire un être simple et indivisible et dont l'identité est hors des atteintes du temps. A ce point de vue, notre corps apparaît presque comme un simple organe ou instrument de l'âme qui lui est donné par quelque puissance tutélaire pour lui permettre de remplir sa destinée.

Mais le témoignage de notre conscience a-t-il une vérité absolue ? Sommes-nous réellement ce que nous paraissons être ? C'est ce qu'il faut examiner à présent.

II

Deuxième aspect. — Notre moi un et indivisible semble remplir toute la sphère de notre expérience

6*

intérieure, passée et présente. Quand il me vient
des pensées, c'est moi qui pense; quand j'ai des sensations et des désirs, c'est moi qui sens et qui désire; quand je me rappelle mes pensées, mes
désirs et mes sentiments passés, c'est toujours de
moi-même que je me souviens dans le passé. Mais
si j'essaie de saisir ce moi partout et toujours présent, de constater ce que je suis moi-même, ce moi
un et persistant, je ne trouve, à ma surprise, rien
de palpable, je n'ai aucune perception d'un objet
unique et persistant. Jamais je ne trouve en moi
autre chose que des sensations, des pensées et des
volitions particulières et passagères; le moi un et
identique, qui semble être partout, ne se trouve en
réalité nulle part. J'ai des pensées, mais je ne
trouve pas, en moi, de substance qui pense; j'ai des
désirs et des sensations, mais je cherche en vain
une substance qui sentirait et qui voudrait en moi.
S'il y avait une substance une et identique avec elle-
même dans la diversité de mes phénomènes intérieurs, de mes actes et de mes états ou accidents,
elle devrait pouvoir être aperçue dans son unité
comme servant de base à la diversité de mes actes
et de mes accidents; mais jamais je n'aperçois une
substance simple et identique avec elle-même en
moi. Il y a donc lieu de soupçonner que cette substance, une et identique avec elle-même, du moi,
n'est qu'une apparence, que notre personnalité ou
notre moi repose sur une déception.

Deux genres de faits viennent confirmer ce doute, et même le transformer en certitude : 1° l'occurrence des maladies mentales, et 2° la dépendance de notre vie intime, spirituelle, par rapport au fonctionnement de la substance cérébrale.

Je ne m'étendrai pas sur les maladies mentales qui sont connues de tout le monde dans leurs traits principaux. Les maladies mentales sont des dérangements dans les fonctions de notre moi, et l'occurrence de ces dérangements prouve jusqu'à l'évidence que notre moi est un organisme complexe, non une substance simple et identique avec elle-même ; car une telle substance n'est pas sujette au changement, et n'est, par conséquent, pas susceptible de se déranger. Au contraire, la possibilité de dérangements devient aisément concevable quand on constate le fait que toutes les fonctions de notre moi dépendent des fonctions du cerveau comme de leurs causes ; car, dans ce cas, tout dérangement dans le cerveau doit en produire un dans notre vie mentale, dans les fonctions de notre moi.

De notre temps, aucun thème n'a été plus souvent exposé, ni avec plus d'insistance, que la dépendance de notre vie mentale et spirituelle, par rapport aux fonctions du système nerveux, et particulièrement du cerveau ; il serait donc superflu de discourir encore sur ce sujet. Il est hors de doute que la vie psychique naît, se développe, s'éteint et

reparaît suivant l'état et le fonctionnement du cerveau. Aussi les physiologistes prêchent-ils comme
un dogme irrécusable la doctrine que la vie mentale ou spirituelle est elle-même une fonction du
cerveau.

Il y a de la vérité dans cette doctrine, mais il y
a aussi de l'erreur, et il faut faire soigneusement
la part de l'une et de l'autre.

L'expérience montre, en vérité, que les fonctions
de la substance cérébrale sont les causes des phénomènes de la vie spirituelle, mais des causes dans
le sens physique seulement, non dans un sens
métaphysique, et c'est là une différence radicale.

La cause, dans le sens métaphysique, est ce qui
engendre ou produit l'effet, ce qui en crée, pour
ainsi dire, la matière et la forme. La cause, dans
le sens physique, n'est, au contraire, que l'antécé-
dent nécessaire de l'effet; une cause physique ne
produit pas son effet, mais le précède seulement,
d'une manière invariable, dans le temps. En effet,
la science physique ne connaît que des phénomènes
et un ordre invariable dans leurs coexistences et
leurs successions; la science physique ne peut
donc constater et connaître que des causes physiques qui sont elles-mêmes des phénomènes précé-
dant invariablement d'autres phénomènes.

Or, quand des phénomènes se suivent invariablement comme causes et effets, cela prouve qu'ils
sont liés entre eux. Cette liaison générale des phé-

nomènes est donc le vrai principe agissant dans
la nature, le fondement de toute causalité et la
cause vraiment productrice des phénomènes et de
leur ordre manifesté par les lois de la nature. Au
contraire, un objet particulier ne peut jamais être
une cause productrice d'événements, et un corps
moins encore qu'un autre objet, puisque la causalité
est incompatible avec l'inertie qui est une des propriétés fondamentales des corps.

On voit donc que les matérialistes donnent une
fausse interprétation du témoignage de l'expérience. L'expérience certifie seulement que les
fonctions du cerveau précèdent invariablement les
phénomènes de la vie physique ou spirituelle; les
matérialistes affirment, au contraire, qu'elles les
engendrent ou les produisent. Les matérialistes
affirment qu'il n'y a, en réalité, rien autre chose
que des corps, et que, certains corps une fois com-
binés d'une certaine manière, par quelque accident que ce soit, la vie psychique doit s'ensuivre.
Mais si des corps ou certaines combinaisons de
corps étaient les causes métaphysiques des phénomènes de la vie spirituelle ; si, par leur propre nature, ils pouvaient engendrer ou produire ces phénomènes, on pourrait voir, dans la nature même
de ces corps ou de ces combinaisons des corps,
pourquoi et comment les phénomènes de la vie spirituelle doivent en procéder nécessairement. Or, il
n'en est rien, comme je l'ai déjà montré dans un

article précédent. En considérant la nature des corps et de leurs fonctions, on se convainc, au contraire, que les phénomènes de la vie spirituelle ne peuvent point en procéder, puisqu'il n'y a rien de commun entre la nature des corps et de leurs fonctions et la nature des ·phénomènes de la vie psychique.

Mais il y a encore un pas de plus à faire. Si le témoignage de ma propre conscience, que je suis un objet ou un être indivisible et identique avec lui-même, n'a pas de vérité absolue, à plus forte raison ma perception des objets extérieurs dans l'espace ne peut-elle pas en avoir. Des objets extérieurs seraient-ils plus certains pour moi que je ne le suis moi-même ? L'absurdité de cette supposition saute aux yeux. Tout ce que je peux savoir des corps, je dois le trouver en moi-même, parce que je ne peux jamais sortir de moi-même. Il peut y avoir des objets réels en dehors de moi, mais la certitude de leur existence ne peut pas me venir du dehors. La certitude des objets extérieurs ne peut donc jamais surpasser la certitude que j'ai de moi-même. Et pourtant cette notion si évidente, et qui a été établie dans toute sa clarté déjà par Descartes, a été de nouveau perdue pour la pensée humaine. Il y a actuellement bon nombre de personnes qui ne croient pas à la substantialité de leur propre moi, mais qui croient à la substantialité ou réalité absolue du monde des corps. Il n'est pas difficile d'en découvrir la cause. Quelle que soit l'autorité de notre conscience témoignant de la substantialité de notre moi, elle est démentie par le fait trop notoire et indubitable que notre moi a eu un commencement et devra prendre fin ; que notre vie consciente peut même être éteinte à chaque instant, comme la flamme d'une bougie ; tandis que le monde des corps nous apparaît comme n'ayant ni commencement ni fin dans le temps, et comme existant indépendamment de notre expérience. Mais ce n'est là qu'une apparence, comme je l'ai démontré dans un article précédent. En réalité, notre expérience extérieure ne contient que nos propres sensations, les impressions de nos sens : de la vue, du toucher, de l'ouïe, etc., qui nous apparaissent comme des corps, dans l'espace, communs à tous les sujets percevants. Le monde des corps est donc bien indépendant de chaque sujet percevant, en particulier, mais non indépendant de la totalité des sujets percevants.

Cela nous découvre le troisième aspect de notre objet, qu'il faut maintenant exposer avec plus de précision.

III

Troisième aspect. — Nous sommes donc arrivés à ce résultat définitif qu'il n'y a , dans notre expé-

rience, point de substances réelles ou véritables,
ni spirituelles ni matérielles ; que notre expérience
ne possède pas de vérité absolue, étant fondée sur
une déception. Mais notre expérience possède une
certaine vérité relative que j'ai déjà tâché de caractériser, et qu'il faut mettre encore mieux en lumière.

Dans ces derniers temps, quelques penseurs sont
déjà arrivés à la notion que notre expérience est
dénuée de vérité absolue, que ni notre moi ni le
monde des corps ne sont ce qu'ils nous paraissent
être. Mais ces penseurs ont malheureusement
tendu non pas tant à explorer les faits qu'à les
expliquer, et se sont laissé fourvoyer par cette
manie de l'explication. Même un penseur aussi
judicieux que Stuart Mill croyait pouvoir expliquer
notre perception d'un monde des corps dans l'espace
par les seules lois de l'association des idées, et pen-
sait caractériser suffisamment notre moi en le définissant « une possibilité permanente de sensations (1). » Mais il est évident, dès l'abord, que
notre conscience de nous-mêmes et notre perception d'un monde des corps en dehors de nous pré-
supposent une organisation de notre expérience

(1) Dans son *Examen de la philosophie d'Hamilton*. Il faut
cependant rendre cette justice à Stuart Mill, qu'il n'a pas cru
pouvoir expliquer le moi; il le tenait pour inexplicable, attendu
qu'il est impossible de concevoir qu'une simple succession de
sensations puisse avoir conscience d'elle-même.

adaptée à cette fin. Notre expérience intérieure est organisée *comme si* tous nos actes et accidents procédaient d'un seul moi simple et identique avec lui-même, et pareillement, dans notre expérience extérieure, tous les effets arrivent et se produisent *comme si* les corps que nous percevons existaient en dehors et indépendamment de nous. Sans cette organisation de l'expérience, ni la conscience de soi-même ni la connaissance du monde des corps ne seraient possibles; et c'est de cette organisation que notre expérience dérive la vérité relative qui lui est propre.

Premièrement, il faut que, dans les données de notre expérience elle-même, se trouve la différence ou la distinction de celles qui nous sont propres et peuvent être reconnues comme des parties ou des accidents de notre moi, et de celles qui nous sont étrangères et dans lesquelles nous reconnaissons un monde des corps en dehors de nous. La distinction du moi et du non-moi est parfaitement indépendante de l'existence de l'esprit et de la matière comme substances réelles; elle se rencontre dans le contenu de notre expérience elle-même, dans la matière de nos perceptions. Les sensations du plaisir et de la douleur, les pensées ou représentations, les émotions, désirs et volitions, forment le contenu de notre expérience intérieure : nous reconnaissons ces données comme propres à nous, comme des actes ou des accidents de nous-mêmes.

Au contraire, les impressions des sens extérieurs, les sensations de la vue, du toucher, de l'ouïe, du goût, etc., forment le contenu de notre expérience extérieure, parce qu'elles ne nous sont pas propres comme des actes ou des accidents de notre moi, mais nous apparaissent comme des qualités ou des accidents d'objets extérieurs qu'elles nous font connaître. Quand je sens un plaisir ou une douleur, quand j'ai des pensées ou des désirs, c'est moi-même qui souffre ou me réjouis, qui pense et qui désire; mais quand je vois quelque chose de jaune ou que j'entends le son *ut*, ce n'est pas moi-même qui suis jaune ou qui ai la qualité du son *ut*. Dans les impressions de nos sens extérieurs nous ne nous reconnaissons pas nous-mêmes, parce qu'elles sont en effet étrangères à nous-mêmes, parce qu'elles sont un véritable non-moi, quoique n'existant pas en dehors de notre perception (1).

(1) C'est ce qu'il importe de bien comprendre. En effet, pourquoi appelle-t-on sens extérieurs la vue, le toucher, l'ouïe, le goût et l'odorat? Est-ce parce que les impressions de ces sens nous viennent du dehors? Non, car aucune sensation ne nous vient du dehors. Est-ce donc parce que ces sensations ont des causes extérieures? Mais nos sensations de plaisir et de douleur peuvent aussi avoir des causes extérieures, et n'en appartiennent pas moins à l'expérience intérieure. Les sensations de la vue, du toucher, etc., sont extérieures en ce que leur contenu est étranger à notre moi, et parce que, dans ces sensations, nous reconnaissons, non pas nous-mêmes, mais un monde extérieur.

Or, il est évident que si la distinction du moi et
du non-moi existe originairement dans le contenu
ou la matière de notre expérience, elle doit exister
tout aussi originairement dans la conscience que
nous en avons. Stuart Mill et les autres penseurs
sensualistes croient que la conscience de soi et la
distinction de soi-même d'avec les autres choses
sont elles-mêmes un résultat de l'expérience, qu'il
fut un temps où moi, je n'étais pas moi, n'ayant
pas la conscience de moi-même comme différant
de toutes les autres choses ; mais il est évident que
cette supposition se meut dans un cercle vicieux.
Pour que je puisse distinguer, dans les données ou
le contenu de l'expérience, ce qui m'est propre et
ce qui m'est étranger, ce qui fait partie de moi-
même et ce qui fait partie du monde extérieur, il
faut que j'aie la connaissance ou la conscience de
moi-même ; or, cette connaissance ne pouvant pas
précéder l'expérience, la conscience de soi et la
distinction de soi-même d'avec les autres choses
doivent être un seul acte indivisible de la pensée
reposant sur une intuition originaire. La faculté
de distinguer ce qui est moi et ce qui n'est pas
moi ne peut pas être acquise par l'expérience,
parce que, sans cette distinction, aucune expérience n'est possible. La distinction du moi et du
non-moi, tant dans la matière ou le contenu de
notre expérience que dans la conscience que nous
en avons, n'est donc pas susceptible de dérivation

ou d'explication : elle est un fait primordial et sert
de base à toute expérience.

Or, dans le jugement, dans l'acte de la pensée
qui distingue notre moi de tout ce qui n'est pas
moi, servant ainsi de base à l'expérience intérieure
et à l'expérience extérieure, l'unité de notre moi
s'affirme et se manifeste d'une manière qu'il est
impossible de concevoir clairement. Ce n'est pas
l'unité d'une substance pensante, mais c'est encore
moins l'unité d'un simple agrégat ou concours
d'idées ou de représentations. Le sujet qui juge et
qui se reconnaît dans ses jugements, comme dans
ses sensations et ses volitions, n'est pas une unité
absolue, indépendante de toutes conditions ; mais
on ne peut, cependant, en expliquer la nature par
aucune condition connue. Et il en est de même de
notre persistance dans le temps. Je me reconnais
comme le même individu dans des temps différents; mais cette identité ne peut pas non plus
être absolue, semblable à l'identité d'une substance qui est, par son essence, non sujette au changement. Car elle tient à la continuité de ma conscience de moi-même. Or, comme Reid (1) l'a remarqué très judicieusement, ma conscience de mon
identité personnelle ne peut pas produire cette

(1) Dans sa polémique contre Locke qui affirmait que notre
identité personnelle dans des temps différents repose elle-même
sur la conscience que nous en avons.

identité elle-même ; elle ne fait que la constater et
en rendre témoignage. Si je ne suis pas le même
objet dans des temps différents, ma conscience,
qui me représente comme tel, rend un témoignage
faux. Que faut-il donc penser de cet état de
choses?

D'un côté, les faits prouvent que je ne suis pas
le même objet deux instants de suite, que je suis
quelque chose qui se reproduit à chaque instant
comme la flamme d'une bougie, et peut, comme
elle, être éteint à chaque instant. De l'autre côté,
je m'apparais dans ma conscience immédiate
comme une substance, comme un objet indivisible
et identiquement le même dans des temps différents, ce qui ne serait pas possible s'il n'y avait
pas en moi quelque chose qui y correspondît réellement. Il faut donc admettre que mon unité et
ma permanence dans le temps ont une certaine
réalité ou vérité conditionnelle qui signifie, non
que je suis une substance simple et inaltérable,
mais que tout, dans mon expérience intérieure, est
organisé comme si j'étais une telle substance. Nous
sommes des produits, mais notre conscience de
nous-mêmes nous représente comme des êtres
indépendants, et cette représentation n'est pas
dépourvue d'une certaine vérité, puisque notre
nature et notre vie intérieures y sont adaptées en
fait. Par exemple, quand on punit un homme pour
un délit commis dans le passé, on ne lui fait pas

tort en supposant qu'il est le même individu qu'auparavant, et, cependant il est certain que cette identité n'est pas absolument vraie. S'il survient un dérangement dans le cerveau de cet homme, son identité personnelle est, par ce fait, détruite : il n'est plus le même qu'auparavant et ne peut plus être rendu responsable de ses actes.

Après avoir reconnu l'organisation de notre moi dans son essence, nous pouvons constater quel rôle, dans cette organisation, appartient aux conditions extérieures, et notamment à notre corps, qui en est le représentant apparent.

Notre vie intérieure, spirituelle, est si intimement liée aux fonctions de notre corps, et particulièrement à celles du système nerveux, qu'on s'est souvent laissé entraîner à la considérer comme un produit du système nerveux ; mais, d'après ce que j'ai montré, on voit combien peu cette manière de voir est fondée. L'organisation de notre corps est si loin d'expliquer l'organisation de notre esprit qu'elle a besoin elle-même d'explication par le même principe qui les produit toutes les deux. Les corps étant, en raison de leur inertie constitutive, incapables de produire aucun effet par eux-mêmes, le vrai principe agissant, dans la nature, est tout à fait distinct des corps. Ce principe est le lien universel des choses, le côté de la nature par lequel ses phénomènes multiples sont liés entre eux, et qui renferme le fondement de leurs lois, de l'ordre

qui existe dans leurs coexistences et leurs successions. Tout ordre, et, à plus forte raison, toute
organisation révèle un principe d'unité, dans la
nature, dont l'existence est incompatible avec
l'existence de substances réelles qui ne pourraient
pas être enchaînées les unes aux autres, et soumises à des lois communes. Aussi les corps que
nous percevons dans l'espace ne sont-ils pas des
substances réelles, mais une simple apparence suivant laquelle notre expérience extérieure est organisée, et qui en détermine le caractère physique.
Cela nous fait comprendre une particularité, dans
les rapports de l'âme et du corps, qui est bien
remarquable, et qui n'a cependant pas encore été
suffisamment remarquée.

Les expériences des physiologistes ont établi que
tous les événements ou phénomènes de la vie spirituelle ont leurs causes physiques, c'est-à-dire
leurs antécédents invariables, dans certains changements ou certaines fonctions du cerveau. On
devrait donc s'attendre à ce que la connaissance
des lois et des rapports de nos propres actes, états
et accidents, fût impossible sans la connaissance
de leurs causes cérébrales, et Auguste Comte a, en
effet, dans cette considération, rayé la psychologie
de la liste des sciences. Mais les faits sont loin de
confirmer ce verdict. Malgré leur dépendance vis-
à-vis des causes matérielles, notre nature et notre
vie spirituelles ont une organisation et des lois qui

leur sont propres et qui peuvent être reconnues
indépendamment du rôle qu'y jouent le cerveau et
ses fonctions. Je ne sais absolument rien de la
manière dont fonctionne mon cerveau ; néanmoins
je connais très bien les raisons de mes convictions
et les motifs de mes déterminations. Je suis donc
des lois qui sont indépendantes des modifications
de mon cerveau, et que je peux constater en faisant abstraction de ces modifications. Et, en effet,
où en serions-nous si, pour connaître les raisons,
les motifs et les lois de nos pensées, de nos convictions et de nos volitions, ou de celles des autres, il
nous fallait savoir ce qui se passe dans notre cerveau ou dans celui des autres ; ou si, pour agir
sur la pensée et la volonté de nos semblables, nous
devions influencer leur cerveau par des moyens
matériels ? On peut, il est vrai, influencer fortement un homme, en agissant sur son cerveau par
des moyens matériels, par exemple, en lui admi-
nistrant des drogues narcotiques ou en l'hypnoti-
sant ; mais ce n'est pas là notre manière ordinaire
d'agir sur nos semblables. Notre vie intime et nos
relations avec nos semblables sont régies par des
causes et des lois de nature spirituelle, non matérielle. Ces causes sont, en fait d'opinions ou de
convictions, des raisons ou des arguments et le
degré de déférence et de confiance qu'on a pour
les autres ; et, en ce qui concerne la volonté, ce
sont le plaisir, la douleur, l'amour, la haine, la

défiance, la confiance, et autres motifs pareils qui
ne sont pas du tout matériels, qui n'ont-rien de
commun avec la nature des corps et de leurs
mouvements. Cela signifie précisément que nous
sommes (nous qui sentons, pensons et voulons)
des êtres distincts, et que, quoique dépendant des
conditions extérieures, nous possédons une nature
qui nous est propre, et qui, seule, a une certitude
immédiate pour nous. Je suis moi-même ce qui
connaît et ce qui est connu ; ma connaissance de
moi même ne peut donc dépendre d'aucun objet
extérieur.

Nous voyons donc que si l'apparence, qui fait
paraître mon corps comme un simple instrument
de mon moi, n'a pas de vérité absolue, l'apparence
contraire, qui fait paraître la vie de mon moi
comme une fonction du corps ou du système nerveux, n'en a pas non plus. Aussi est-ce un fait bien
remarquable que la dépendance de notre vie psychique ou spirituelle, par rapport aux fonctions
cérébrales, se manifeste seulement dans ses pertur-
bations et ses dérangements. Tant que nous sommes dans l'état normal, tout se passe en nous
comme si nous ne dépendions pas des conditions
cérébrales : notre vie normale a des lois qui lui
sont propres et qui peuvent être constatées indépendamment de la connaissance du cerveau. C'est
seulement par les altérations de l'état normal que
nous découvrons cette dépendance. C'est pourquoi

7'

les expériences des physiologistes peuvent jeter
beaucoup de lumière sur les maladies mentales,
mais bien peu sur la constitution et la vie normales de l'esprit. En effet, notre moi étant organisé de manière à paraître une substance indivisible et identique à elle-même dans la succession
du temps (car sans cela il ne serait point, ou autrement dit, nous ne serions point), ne peut être
expliqué par l'organisation du corps, qui renferme
une multiplicité et un changement perpétuel de
particules, et encore moins par les lois générales de
la matière, qui ne suffisent pas même à expliquer
l'organisation du corps, comme il a été montré
plus haut. Rien n'est donc plus chimérique que
l'espoir de surprendre le secret de l'esprit dans les
replis du cerveau. Le corps et l'esprit sont tous
deux l'œuvre du grand artiste qu'on appelle la
nature ; mais c'est un artiste qui travaille dans
l'apparence, et nous possédons la faculté merveilleuse de nous élever au-dessus de la nature, par la
notion de son caractère anormal et décevant. C'est
là l'essentiel pour nous. Si notre propre nature
physique repose sur une déception, notre dépendance des conditions matérielles et des lois physiques participe aussi à cette déception, et n'a pas
non plus de vérité ni de validité absolue. Notre
conscience de normes ou lois morales et de notre
obligation envers ces normes nous en donne la certitude immédiate. Cette conscience de normes mo-

rales, et, par conséquent, d'une nature normale des choses, différente de leur nature physique, est parfaitement indépendante de tout ce qui peut se trouver dans la nature physique, et en elle nous avons, pour ainsi dire, notre centre de gravité. L'état vraiment normal de notre esprit n'est constitué que lorsque tout y est déterminé, en dernier ressort, suivant des lois d'ordre moral : lorsque nous ne croyons que le vrai et ne voulons que le bien en dépit de toutes les lois et de toutes les influences physiques.

On voit donc que, dans les rapports de l'âme et du corps, la réalité et l'apparence sont entremêlées de la manière la plus étrange et la plus compliquée. Nous, les sujets pensants, nous semblons, d'après les expériences des physiologistes, être le produit de notre corps, et particulièrement du cerveau ; mais en réalité notre corps et le monde des corps, en général, ne sont qu'une conception de notre pensée. Comment se fait-il que nous percevions et reconnaissions, dans nos sensations, un monde des corps ? et pourquoi tout sujet percevant paraît-il uni à un corps particulier ? Ce sont des questions qui ne peuvent être abordées ici. Il suffit d'avoir constaté que tout, dans notre expérience, est organisé comme si le monde des corps, en général, et notre corps, en particulier, existaient réellement en dehors de nous. Notre corps nous révèle donc la nature des lois physiques

auxquelles notre propre nature et notre vie spirituelles sont soumises. Il faut étudier ces lois,
mais il ne faut jamais oublier que les lois normales de notre être sont non des uniformités de
coexistence et de succession, mais les principes
du bien et du vrai.

CINQUIÈME ARTICLE

LA VIE INDIVIDUELLE ET LA VIE SOCIALE

La vie individuelle

I

Dans son ouvrage *Ma religion* (1), le célèbre romancier russe, comte Léon Tolstoï, a fait cette remarque bien digne d'être prise en considération :

« Dans notre monde tous les hommes vivent, non seulement sans vérité, non seulement sans le moindre désir de la connaître, mais avec la ferme conviction qu'entre toutes les occupations oiseuses, la plus oiseuse est la recherche de la vérité qui règle la vie humaine. La doctrine qui règle la vie — ce qui chez tous les peuples, jus-

(1) Paris, 1885, p. 178.

qu'à nos sociétés européennes, était toujours con-
sidéré comme la chose la plus importante, ce dont
Jésus disait : « Une seule chose est nécessaire, »
— c'est là précisément ce que nous dédaignons. »

En effet, n'est-il pas surprenant que notre génération, si fière de ses progrès et de ses succès, néglige la seule question vraiment vitale, la question
de la vie raisonnable elle-même ? Probablement,
on croit l'avoir résolue depuis longtemps et ne
plus devoir s'occuper que de l'application. Mais
quelle vie, au point de vue moral, est-ce donc que
l'humanité civilisée mène à présent ? Hélas ! elle
s'agite stérilement dans des ténèbres profondes.
Personne ne voit au delà du lendemain. Bien
loin de conduire ses destinées vers des buts fixes
et rationnels, l'humanité se laisse mener par
les circonstances et le jeu des intérêts vulgaires.
Aussi presque partout une décadence morale se
fait-elle remarquer distinctement : l'alcoolisme,
les crimes, les suicides et les cas d'aliénation
mentale vont presque partout en augmentant,
et dans l'avenir se dresse le spectre d'une révo-
lution sociale capable d'engloutir toutes les acqui-
sitions du passé. Il est vraiment temps de s'arrêter
devant ce problème de la vie raisonnable, sans
s'en laisser distraire par des préoccupations secondaires, et dans les remarques qui suivent, je
voudrais essayer de jeter quelque lumière sur
cette question si importante.

Pour savoir quelle est la manière de vivre raisonnable pour l'homme individuel et pour l'humanité en masse, il faut savoir d'abord ce qu'est l'homme lui-même. C'est là l'étude fondamentale qui devrait primer toutes les autres : *The proper study of mankind is man.* Ce n'est pas à dire qu'on néglige cette étude, de nos jours ; au contraire, on s'en occupe beaucoup, en faisant, d'un côté, des expériences physiologiques, et de l'autre, en étudiant les croyances, les mœurs et coutumes des peuplades sauvages et les civilisations des temps passés. Mais le gain que l'on a retiré de ces études n'est malheureusement pas proportionné à la peine qu'elles ont coûté : en fait, on ne sait pas plus, de l'homme, sur les points essentiels, qu'on n'en savait auparavant. Pour arriver à des résultats vraiment satisfaisants, il faut s'y prendre d'une autre manière : il ne faut pas chercher au loin ce qui est tout près, et ce que l'on peut constater en ouvrant simplement les yeux et en contemplant les choses les plus proches sans prévention. Sans prévention ! c'est là la condition essentielle. Il faut forcer sa pensée à être le miroir fidèle des choses, et ne pas s'écarter d'une ligne du témoignage authentique des faits.

Tout d'abord il faut éclaircir ce qu'on entend par l'homme lui-même. Anciennement on tenait l'homme pour un composé de deux substances : âme et corps ; de nos jours on est enclin à consi-

dérer le corps comme l'homme lui-même, comme
la chose essentielle dans l'homme, à l'exemple du
vieil Homère, qui dit que la colère d'Achille a en-
voyé les âmes de plusieurs héros en enfer et les
a jetés eux-mêmes en pâture aux chiens et aux
oiseaux. Mais, n'en déplaise au bon Homère et à
ses adhérents modernes, nous devrons prendre la
contre-partie directe de leur manière de voir :
l'homme véritable, l'homme avec lequel nous
avons un commerce d'idées et d'intérêts, n'est
pas ce qui a une certaine grandeur et figure dans
l'espace, mais bien ce qui sent, veut et pense
dans l'homme. Quand je m'adresse à mon ami,
c'est au principe sentant et pensant en lui que je
veux avoir affaire. Dans sa *Matratzengruft* de
Paris, le corps de Heine n'était plus qu'une
momie desséchée et immobile, mais Heine lui-
même était encore bien vivant et manifestait les
mêmes qualités qui l'ont tout d'abord rendu célèbre. C'est donc le principe sentant et pensant,
et non le corps, qui est l'homme lui-même. Non
que le corps soit un simple appendice ou instrument de l'homme : il en est plutôt la condition
indispensable, la base physique ; mais le corps
n'est pas l'homme lui-même, et tout ce qui vient à
l'homme de son corps lui vient en réalité *du dehors*.
C'est le point à constater avant tous les autres.

Dans un article précédent, j'ai démontré que
notre moi ne possède pas de contenu qui lui soit

propre ou originaire. Nous sommes vides par
essence : tout le contenu de notre être et de notre
vie nous vient du dehors. Sans cette notion, la
compréhension véritable de la vie, tant individuelle que sociale, est impossible. En fait, la vie
de l'individu et de l'humanité se passe tout entière
à remplir ce vide intérieur. La question : Quelle
vie devons-nous mener? se résout donc en cette
autre question : De quel contenu devons-nous
remplir notre vie ?

Si tout nous vient en réalité du dehors, ce tout
ne peut nous apparaître comme notre propre déter-
mination qu'en raison d'une déception naturelle.
Notre vie repose donc essentiellement sur des
apparences. D'abord, l'existence même de notre
moi est produite par la déception qui nous fait
paraître des êtres ou objets indivisibles et per-
sistants, tandis qu'en réalité nous ne le sommes
pas. De même, le contenu de notre être et de
notre vie nous vient du monde matériel et particulièrement de notre propre corps. La vie de
l'humanité se passe tout entière dans des occupations qui ont pour objet ou la reconnaissance
des choses matérielles, ou la transformation de
ces choses : les hommes labourent la terre, cons-
truisent des édifices, confectionnent des habits,
des outils et toutes sortes d'objets pour divers
usages, élèvent des bestiaux, engendrent et ins-
truisent des enfants, ce qui se rapporte essen-

tiellement à des modifications dans le monde des corps. Une autre occupation importante, dans la vie de l'humanité, est et a été la destruction : ce que les uns ont produit et construit, d'autres viennent pour le détruire ou se l'approprier, en tuant les producteurs par-dessus le marché. Et cette œuvre de destruction et de spoliation a été considérée pendant des milliers d'années comme l'occupation la plus noble, remplissant le plus dignement la vie d'un homme. Mais construction ou destruction, c'est toujours le monde matériel qui fournit le fond, le contenu, à l'activité et à la vie de l'homme.

Le fondement de ce fait est, comme chacun le sait, la dépendance de l'être sentant et pensant, par rapport à un organisme matériel. Une déception naturelle fait paraître à l'être sentant la conservation de son corps et la propagation de son espèce comme son propre bien et son propre besoin. Il faut bien remarquer que c'est là l'effet d'une évidente déception. Il n'est nullement de l'essence d'un être pensant et sentant de se préoccuper de la conservation d'un corps, et encore moins de la propagation d'une espèce. La seule loi vraiment inhérente à l'être sentant est celle de fuir le mal et la douleur et de tendre vers le bien ou le bonheur ; mais cette loi ne donne à sa vie aucun contenu positif ; ce contenu doit, par conséquent, lui venir du dehors et prendre l'apparence trompeuse d'un besoin ou d'un motif intérieur. C'est ainsi que nous avons l'instinct de la conservation, le besoin de manger, de boire, de nous vêtir, de nous abriter, de procréer et d'élever des enfants. Or, le caractère commun de tous ces instincts et besoins naturels, même de ceux qui ont pour but la conservation de l'espèce, est leur tendance égoïste, visant exclusivement l'affirmation et la satisfaction immédiate du moi lui-même. Même l'amour sexuel et l'amour des parents pour leur progéniture sont, chez les animaux, des penchants, au fond, tout égoïstes, c'est-à-dire renfermant le semblant d'un besoin personnel. Ce double amour est lui-même l'effet d'une déception, qui disparaît dès qu'elle a rempli sa tâche de la conservation de l'espèce : l'amour sexuel et l'amour maternel ont, chez les animaux, leurs saisons, et sont périodiques comme le besoin de manger et de dormir. Les besoins et instincts naturels ont donc cette particularité d'exiger une satisfaction immédiate de l'individu, sans égard pour les moyens : notre nature physique est partant complètement immorale. Et il ne peut en être autrement, car les penchants naturels, n'existant que par suite d'une déception qui fait paraître comme un besoin intérieur ce qui ne l'est pas en vérité, doivent inévitablement prendre le caractère d'une nécessité individuelle impérieuse, c'est-à-dire être égoïstes et immoraux.

Pour achever de caractériser les déceptions naturelles qui constituent la nature physique, il faut
encore signaler une particularité qui leur est commune à toutes : c'est que ces déceptions ne sont
nullement altérées par la connaissance de leur
caractère faux et décevant. Toute autre erreur
disparaît dès qu'on l'a reconnue comme telle;
mais il n'en est pas de même des déceptions naturelles. Quand même nous sommes parfaitement
convaincus que ce que nous voyons comme des
corps dans l'espace n'est que nos propres sensations, nous n'en continuons pas moins de prendre
nos sensations pour des corps dans l'espace; et
quoique nous sachions avec certitude que nous
ne sommes pas nous-mêmes des objets absolus,
indivisibles et permanents, mais plutôt des phénomènes composés et produits par des causes, nous
ne nous en apparaissons pas moins, à nous mêmes,
dans notre conscience immédiate, comme des
objets absolus, permanents et indivisibles. Car
nous n'existons qu'à la faveur de cette déception,
et si nous parvenions à la supprimer, du coup
nous serions supprimés nous-mêmes. Inutile de
dire que les besoins naturels ne perdent rien non
plus de leur caractère impérieux par la connaissance de leur nature fausse et décevante. En
général, la nature physique étant anormale et
reposant sur des déceptions, il faut bien que les
déceptions subsistent si la nature doit subsister.

Après ces préliminaires, il est aisé de voir ce que signifie le moral en nous et quel est le rapport du moral avec le physique. D'abord il faut remarquer qu'il y a une différence tranchée entre le contenu de notre expérience extérieure, entre l'élément, étranger à notre moi, que nous reconnaissons comme un monde des corps commun à tous les sujets percevants, et les éléments qui constituent la nature de notre propre moi, et qui se réduisent à trois : 1° penser et connaître, 2° sentir (le plaisir et la douleur), et 3° vouloir.

La nature du monde extérieur est purement physique, manifestant des forces physiques et soumises à des lois physiques, par essence. Là ne se trouve aucun élément moral, aucune révélation d'une norme supérieure. Au contraire, ce qui constitue notre propre être : la pensée, la sensation de plaisir et de douleur, et la volonté, n'est pas d'essence purement physique. Quand on cherche à constater les caractères généraux de la pensée et de la volonté, on en trouve deux : premièrement, la pensée et la volonté n'ont pas de contenu qui leur soit propre, et secondement, elles ne sont soumises à des lois physiques que par une perversion de leur nature.

Chacun sait que la pensée reçoit tout son contenu de ses objets : *nihil est in intellectu quod non fuerit in sensu;* c'est un fait reconnu depuis longtemps. En effet la pensée, n'étant que le miroir des choses,

ne peut pas avoir de fond propre à elle-même.
Mais la volonté n'en a pas non plus. La volonté
veut le bien et le bonheur, mais ne renferme en
elle-même aucun élément propre à réaliser ce
qu'elle veut : tout le contenu de la volonté lui
vient du dehors, comme nous l'avons vu auparavant.

Parlons maintenant de la perversion.

L'essence propre de la pensée est de reconnaître
la vérité et de condamner l'erreur : la loi normale
de la pensée est le principe du vrai. Mais les pensées, idées ou représentations n'existent que pour
servir à la déception naturelle, sans laquelle le
monde physique ne pourrait exister. De toute
nécessité, notre pensée doit donc être soumise
originairement à des lois physiques qui la mènent
à l'erreur ; et même quand nous sommes parvenus,
après des siècles d'efforts, à découvrir cette erreur,
elle n'en reste pas moins tout entière dans notre
perception immédiate des objets qui nous apparaissent comme des substances, alors qu'ils ne
sont en réalité que des phénomènes. La rectifi-
cation de nos notions a lieu dans la réflexion
seulement, et n'a pas de prise sur les perceptions
qui servent de base à notre expérience. De là, la
double vie que nous menons : nous vivons en
même temps de la vie instinctive ou animale, et
d'une vie, pour ainsi dire, plus éthérée, dans la
réflexion.

De même, l'essence propre de la volonté est de fuir le mal et de tendre vers le bien. Nous sentons le mal comme douleur, c'est-à-dire que nous le sentons immédiatement comme quelque chose d'anormal dont nous nous efforçons de nous débarrasser; c'est la source du vouloir ou de la volonté. La loi normale de la volonté est donc l'amour du bien. Mais la volonté ne se rencontre que dans des individus qui ne sont pas des objets réels, qui existent par suite d'une déception, recevant tout le contenu de leur être du dehors. De toute nécessité, la volonté doit donc être soumise originairement à des lois physiques qui ont une tendance égoïste prononcée, qui nous éloignent du bien véritable et nous font commettre une infinité de maux.

La pensée et la volonté n'existent donc qu'à condition d'être perverties dans leur essence, d'être asservies à des déceptions qui les éloignent de leur fonction normale et de leur satisfaction légitime. Nulle part ne se montre plus clairement le caractère anormal et incompréhensible de la nature physique dont nous faisons nous-mêmes partie.

Chez les animaux, la pensée et la volonté sont entièrement assujetties à ces lois physiques, et l'homme naturel n'est pas beaucoup plus avancé à cet égard. A la question : Qu'est-ce que le bien et qu'est-ce que le mal? un sauvage répondit : Le bien, c'est quand je bats et dépouille les autres; le mal, quand j'en suis battu et dépouillé moi-

même. Voilà la voix de l'homme naturel. Mais
l'homme possède le germe de la faculté merveilleuse de la réflexion et de la généralisation ; avec
ce germe il est parvenu, dans le cours des siècles,
à la conscience, d'abord fort obscure et incertaine,
qu'il y a des normes de la pensée et de la volonté,
des principes du bien et du vrai obligatoires pour
lui. Ce n'est là, comme nous le savons, que la
conscience de sa propre nature normale et de ses
lois. De là, la contradiction et la lutte au sein de
notre être : notre nature morale implique la condamnation de notre nature physique, et, en même
temps, la présuppose nécessairement comme sa
base réelle. Sans notre nature physique, sans les
déceptions qui nous constituent comme des individus distincts et indépendants, nous n'existerions
pas ; mais en parvenant à la notion du caractère
faux de ces déceptions et de l'individualité qu'elles
constituent, nous n'en sommes pas moins obligés
à les condamner. La conscience de l'opposition
essentielle et radicale entre le bien et le mal et
entre le vrai et le faux, voilà ce qui constitue
l'homme moral et l'élève au-dessus de la nature
physique, qui ne contient rien de véritablement
bon ni d'inconditionnellement vrai.

Ayant ainsi reconnu les éléments primordiaux
et constitutifs de notre être, nous pouvons aborder
la question que nous nous étions d'abord posée :
Quelle est la manière de vivre raisonnable ?

II

La destination de l'homme est de réaliser le bien
et le vrai dans ce monde dépourvu de vérité et de
bonté. La mère-nature, la réalité anormale qui
porte dans son sein sa propre condamnation, a
engendré l'homme, non pas par un pur accident,
par une sélection adaptée aux circonstances extérieures, comme voudraient le faire accroire quelques
disciples de Darwin, mais par une nécessité intérieure, précisément pour faire éclore cette fleur
divine du bien et du vrai. Nous sommes le but
final de la nature, et notre propre fin est la réalisation du bien et du vrai : hors de là notre vie
n'a ni sens ni valeur.

La réalisation du vrai est l'affaire de la science,
et, ici, il ne peut pas être question des principes
et des méthodes qui guident la science ; le côté
pratique ou moral de la vie, la réalisation du bien,
doit nous occuper exclusivement.

Mais alors se présente une difficulté qu'il faut
éclaircir avant tout. Que l'homme réalise le vrai
dans un monde qui en est dépourvu, cela se conçoit aisément, quand on sait que toute notre expérience est fondée sur des déceptions et que nous
parvenons néanmoins à la connaissance vraie des
choses; mais que l'homme, ne possédant pas de

puissance créatrice, puisse réaliser le bien dans un monde qui n'en renferme point, c'est ce qu'on ne voit pas d'abord assez clairement.

Si les biens de ce monde ne sont pas des biens véritables, comment l'homme peut-il réaliser le bien ? Premièrement, les maux, dans ce monde, étant très réels et très véritables, l'homme réalise le bien en combattant et en atténuant le mal ; et, en second lieu, c'est un bien positif que le perfectionnement de l'homme lui-même, et la manifestation de l'élément divin en lui ; il s'ensuit qu'un effet qui, en soi, ne renferme pas de bien positif, peut néanmoins être la réalisation du bien quand il est produit par l'homme.

Prenons un exemple. Voici un individu qui était près de se noyer, mais qui a été sauvé. Ce sauvetage peut s'être effectué de deux manières différentes. Notre homme a pu être sauvé par des causes physiques : un courant l'a poussé vers une plage où il a pu se fixer et reprendre ses sens. Dans ce cas, aucun bien positif n'est produit par ce dénouement ; les choses sont seulement replacées à l'état où elles étaient avant le danger : notre homme a conservé sa vie, et rien de plus. Mais il a pu aussi être sauvé par un autre homme qui, au péril de sa propre vie, l'a retiré de l'eau. L'effet en soi est exactement le même que dans le premier cas ; mais personne ne niera que le sauveur a réalisé un bien en reti-

rant de l'eau un de ses semblables au péril de sa
propre vie.

Par contre, le mal a un caractère beaucoup plus
noir et plus anormal quand il est causé par l'homme
que quand il provient de causes naturelles. Qu'un
individu soit tué par la foudre ou assassiné de
propos délibéré par un autre homme, l'effet physique est dans les deux cas le même ; mais l'aspect
moral en est fort différent. Un crime est un mal
double : mal physique dans l'effet produit, et mal
moral dans la cause productrice.

Ces notions de bien moral et de mal moral pro-
viennent de la conscience que le mal est anormal
et opposé par essence au bien, et ne peuvent être
dérivées de la nature physique où l'opposition du
bien et du mal est dissimulée par l'apparence du
bien attachée à la satisfaction des impulsions et des
besoins naturels. Au point de vue de notre nature
physique, les hommes qui ont sacrifié leur bien-
être personnel et même leur vie à la cause de la
vérité ou du bien public sont des insensés ou des
imbéciles ; au point de vue moral, ils ont le bonheur
d'avoir accompli efficacement la mission imposée
à l'homme ; ce sont des héros qui honorent l'humanité, dont ils sont les représentants les plus élevés.

Ainsi se manifeste l'opposition du moral et du
physique, dont j'ai tâché d'indiquer le sens et la
raison, et qui nous donne la règle de la vie raisonnable.

Sans savoir le mot de l'énigme, sans avoir une notion claire de l'état véritable des choses, quelques penseurs de nos jours sont pourtant arrivés à se douter que la vie individuelle est un leurre, qu'elle repose sur une déception, et qu'on n'atteint jamais le but de la vie, le bonheur, en le cherchant immédiatement pour soi-même, comme nous y sommes portés par notre nature physique égoïste; qu'on n'approche du vrai contentement qu'en travaillant pour les autres. A présent nous pouvons voir cette vérité plus clairement, à la lumière donnée par l'analyse précédente de la nature humaine.

A proprement parler, l'homme poursuit deux buts : il cherche le bonheur, et, étant vide par essence, il cherche à remplir sa vie. Ce dernier motif n'a pas encore été remarqué suffisamment, et il joue un rôle plus considérable qu'on ne le croit d'ordinaire. Ce que l'on prend pour vanité, ambition, amour du pouvoir et des richesses, est souvent, au fond, en grande partie, le besoin de remplir la vie. N'est-il pas surprenant, par exemple, que les peuples les plus âpres dans la recherche des richesses, les Anglais et les Américains, sont ceux qui savent le moins en jouir? On conçoit l'amour des richesses chez un Italien de la Renaissance, qui vivait au sein d'une belle nature et était entouré de grands artistes; avec le goût de toutes les belles choses, il pouvait faire servir ses richesses à rehausser et à embellir sa vie. Mais à quoi servent les richesses à un industriel ou à un commerçant anglo-saxon de notre temps ? Le luxe et les jouissances vulgaires qu'elles peuvent lui procurer n'ont pas beaucoup de prix à ses propres yeux ; aussi ces gens-là se servent-ils de leurs richesses principalement pour en acquérir davantage encore ; les richesses sont pour eux plus encore un moyen qu'un but final. L'acharnement à poursuivre le gain doit donc, dans ce cas, avoir un autre motif, et, en effet, outre la considération que procure la possession des richesses, c'est le besoin de remplir la vie qui en est le motif véritable. Mais on voit aisément qu'un homme qui se laisse guider par de tels motifs vit à l'aveugle et n'est pas maître de ses destinées.

La notion que nous sommes vides par essence nous donne elle-même l'indication de la manière raisonnable de remplir et de conduire notre vie. Sachant que tout le contenu de notre être et de notre vie nous vient du dehors, et particulièrement de notre corps, nous ne pourrons ni macérer notre corps, comme l'ont fait les ascètes, ni attribuer aux biens de cette vie la valeur qu'ils paraissent faussement avoir. En cherchant à supprimer leur corps, à fuir le monde et à se soustraire autant que possible à toutes les influences, à toutes les impressions du dehors, les ascètes ne parvenaient qu'à faire un grand vide en eux-mêmes, ou encore à se

8*

réduire à l'état cataleptique, comme ces yoguis indous qui se tenaient dans une immobilité forcée : ce n'est assurément pas là une manière de vivre raisonnable. Mais il ne faut pourtant pas méconnaître ce qu'il y avait de fondé dans les motifs qui ont inspiré les ascètes. Ils avaient un sentiment très vif du caractère foncièrement faux et anormal de la nature physique et des biens qu'elle présente, ces biens illusoires dont l'apparence trompeuse a, de tout temps, induit les hommes à commettre tant de crimes et à accumuler tant de maux. Ce sentiment s'est traduit dans la conception d'un esprit tentateur, d'un Satan, « prince de ce monde. » Mais notre tâche est, non de fuir Satan, mais de le combattre sur son propre terrain, et c'est de là que notre vie peut emprunter une valeur réelle et un contenu digne d'un être raisonnable.

A l'exception des maux dont ce monde est rempli, tout n'y est qu'illusion et apparence. La seule chose vraiment réelle ne se rencontre que dans l'homme lui-même; c'est l'élément éternel, l'étincelle divine, en lui, qui se manifeste dans sa conscience de normes logiques et morales, et partant d'une nature normale des choses, supérieure à leur nature physique. Par cette conscience l'homme participe à la réalité vraie, éternelle, et, en vivant conformément à cette conscience, a la certitude que sa vie laissera des traces impérissables.

Même dans le temps, il vit d'une vie éternelle par essence (1). Tous les héros de l'humanité ont possédé cette certitude d'une éternité intrinsèque, et c'est ce qui leur a donné les forces nécessaires pour l'accomplissement de leur tâche. A vrai dire, bien peu d'entre nous ont l'étoffe des héros, notre nature physique est trop forte pour nous; mais c'est que nous n'avons pas reçu une éducation réglée par des vues supérieures et appropriée à la vraie condition de l'homme. Par ce que nous sommes nous-mêmes, nous ne pouvons donc pas juger de ce que peuvent devenir les hommes après nous. S'étant une fois élevée au-dessus de l'apparence qui supporte ce monde, l'humanité devra entrer dans la voie d'un perfectionnement progressif, et chaque génération nouvelle acquerra de nouvelles forces et de nouvelles aptitudes, grâce aux efforts des générations précédentes. Comme l'humanité a commencé par des outils en silex et en os d'animaux et est arrivée aux machines, si puissantes et si variées, de notre temps, de même l'homme, en se façonnant lui-même de génération en génération, parviendra à un degré de perfection dont l'exemple ne nous était donné jusqu'à présent que par de rares individus. Ce perfectionnement est d'autant

(1) Voici une belle expression d'Amiel, de Genève : « La vie éternelle n'est point la vie future, c'est la vie dans l'ordre, la vie en Dieu. »

plus inévitable qu'il est une tâche à la fois sociale
et individuelle, nécessaire à la réalisation de la
justice, sans laquelle notre civilisation moderne
ne pourrait pas durer longtemps. La considération
de la vie individuelle nous conduit donc nécessairement à la considération de la vie sociale, dont les
exigences donnent un but et un contenu à la vie
de l'individu lui-même, en dehors de ses besoins
naturels.

La vie sociale

I

La tâche essentielle de la société est double :
elle doit chercher à perfectionner ses membres,
en favorisant leur progrès intellectuel et leur
progrès moral, et à faire régner la justice dans
leurs relations mutuelles.

De notre temps, on s'agite beaucoup à propos de
savoir quelle éducation il faut donner aux générations nouvelles ; mais cette activité se ressent aussi
du caractère utilitaire, de la propension à chercher
son but en dehors de soi-même, qui est propre à
notre époque. Nous voyons, en effet, que l'éducation morale est négligée presque entièrement ; elle
se fait d'elle-même, comme elle peut ; on se
contente de communiquer aux jeunes gens le plus

possible de connaissances de toutes espèces. Pris
et questionné à part, chacun conviendrait peut-
être qu'il importe avant tout de former des
hommes, et qu'on ne les forme pas en les bourrant
simplement d'une multitude indigeste de notions
diverses. Mais comme le but principal, de notre
temps, est de produire des valeurs, d'acquérir des
richesses et de réussir dans des poursuites purement extérieures, l'éducation restera ce qu'elle est
à présent, jusqu'à ce que les hommes se réveillent
une fois de leur manière de voir habituelle comme
d'un rêve, et s'aperçoivent qu'ils vivaient de
chimères, en négligeant les réalités de la vie. Or,
ce réveil est d'autant plus nécessaire que la réalisation de la justice n'est pas possible sans un
perfectionnement moral des hommes eux-mêmes,
et la réalisation de la justice est, dans l'état actuel
des choses, une question de vie et de mort pour
les sociétés et pour la civilisation elle-même. C'est
de cette question qu'il faut s'occuper.

Pour réaliser la justice, il faut d'abord savoir
ce qui est juste, et notre temps a le grand avantage
de posséder cette notion fondamentale de la
justice, que les droits de tous sont égaux en
principe. On n'a donc plus besoin de prouver
qu'une inégalité de droits ne peut être fondée en
justice que quand elle résulte logiquement d'une
norme égalitaire en principe. A ce point de vue,
il ne peut y avoir d'inégalité que dans les droits

politiques et les droits de propriété ; or, les droits
politiques sont moins une question de principes
que de convenance (¹) (en anglais : *expediency)* ;
nous n'aurons donc à nous occuper que du droit
de propriété seulement.

La conviction que l'ordre actuel renferme une
injustice s'est déjà tellement répandue et a pris
une telle consistance dans la conscience des classes
populaires, qu'on peut dire que les sociétés modernes vivent déjà dans un état de guerre virtuelle.
L'antagonisme entre ceux qui possèdent et ceux
qui ne possèdent pas devient toujours plus
prononcé, et il faut prévoir un moment où il
amènera de grands désastres, si l'on ne dirige pas
à temps la vie sociale dans des voies nouvelles.
Je suis intimement convaincu que la civilisation
moderne ne pourra pas durer longtemps si l'on ne
commence de se pénétrer de ces trois vérités :

1° L'organisation du travail par des individus
isolés et ne visant que leurs propres intérêts,
comme elle existe à présent, doit faire place à
une organisation sociale.

2° L'organisation sociale du travail est la tâche

(1) Les droits politiques sont moins un but en eux-mêmes
qu'un moyen : le moyen d'assurer à la société un gouvernement
juste et conforme à la volonté des gouvernés. Les droits politiques doivent donc être subordonnés aux exigences d'un bon
gouvernement, et peuvent, par conséquent, être inégaux sans
injustice.

la plus compliquée et la plus difficile que l'humanité ait jamais eu à remplir.

3° Cette organisation ne peut être réalisée ni par la violence ni par des mesures purement extérieures ou législatives ; elle présuppose un concours libre de tous à l'œuvre commune, et partant une régénération des hommes qui leur fasse surmonter leur égoïsme naturel.

La première de ces vérités devrait être inculquée particulièrement à ceux qui possèdent ; la deuxième, à ceux qui ne possèdent pas, et la troisième, aux uns et aux autres à la fois.

Ceux qui possèdent sont trop enclins à croire que l'ordre actuel pourra être maintenu indéfiniment, et ils se disent que, même s'il renferme une injustice, c'est une injustice qui a toujours régné sur la terre et qui peut bien encore continuer son règne. Il est vrai que l'injustice a toujours régné sur la terre, mais en faisant périr successivement les peuples et disparaître les civilisations qui l'ont pratiquée. Car l'injustice est une anomalie, et le sort inévitable de toute anomalie est l'anéantissement. Si l'ordre actuel a pu se maintenir jusqu'à présent, on l'a dû principalement à la conviction des peuples que cet ordre est d'institution divine ou conforme à la volonté de Dieu. Mais cette conviction est en train de s'évanouir, et, avec elle, s'abîmera le seul soutien moral de l'ordre présent, ne laissant en présence que des forces et des impulsions physiques dans une opposition sans issue pacifique.

En effet, ceux qui ne possèdent pas ne sont déjà que trop enclins à croire que le règne de la justice peut être introduit par la violence ou, à prendre les choses au mieux, par la pression légale de leurs majorités. Il importe donc avant tout d'acquérir des notions claires et justes sur les questions de droit et les questions de fait, et c'est ce que nous voulons essayer dans les pages qui suivent.

II

Quoiqu'elle repose sur l'initiative et la responsabilité d'individus indépendants, la production a déjà en fait un caractère social : elle embrasse dans une communauté générale non seulement les industries et les classes, mais aussi les peuples eux-mêmes. Dans cette association nécessaire des efforts, la classe qui possède est le pouvoir dirigeant et organisateur ; elle représente, par cela même, un élément fort important dans la production ; mais la classe des travailleurs sans propriété y prend une part tout aussi importante. Si l'on cherche à déterminer quelle partie de la production commune revient en droit strict à la classe qui possède et dirige, et quelle partie à la classe qui travaille, on voit qu'il est impossible de trouver une formule précise, une mesure stricte du juste. Néanmoins, il est de toute certitude que la classe qui possède s'approprie une partie plus grande de la production commune qu'il ne lui en revient de droit, et là gît l'injustice de l'ordre actuel.

Cette injustice intrinsèque se manifeste d'une manière non douteuse par le fait que la multiplication des forces productives due aux découvertes et aux inventions modernes, et l'accumulation des richesses qui en est le fruit, non seulement ne servent pas à alléger le sort des travailleurs, mais aboutissent même souvent à une aggravation de leur misère.

Récemment, un écrivain américain, M. Henry George, a traité cette question avec un grand sens et avec beaucoup de perspicacité, dans son ouvrage *Progress and poverty*. « L'association de la pauvreté et du progrès est, dit-il avec raison, la grande énigme de notre temps. » M. George croit que la seule cause de cette injustice et de cette misère est la possession du sol par des particuliers, et qu'il suffit de confisquer la rente du sol au profit de l'Etat pour faire cesser l'injustice, et même pour améliorer l'état moral de l'humanité. Malheureusement la chose n'est pas aussi simple qu'il le pense. On peut bien admettre que la justice, une fois réalisée, réagirait d'une manière bienfaisante sur l'état moral des hommes ; mais le malheur veut que la justice ne peut être réalisée sans une

amélioration préalable des hommes eux-mêmes.
Car imaginer que la confiscation de la rente du
sol par l'Etat suffise pour réaliser la justice, c'est
prendre les choses un peu superficiellement.
M. George n'admet pas qu'il y ait un antagonisme entre le capital, c'est-à-dire la richesse
mobilière employée à la production des biens, et
le travail ; il les tient pour solidaires, parce qu'il
a vu que, dans les Etats-Unis de l'Amérique, le
taux de l'intérêt et les salaires montaient et
baissaient ensemble. Cependant il suffit de jeter
les yeux sur les contrées arriérées, où les salaires
sont bas et le taux de l'intérêt élevé, pour voir
qu'il n'y a pas de solidarité intrinsèque entre l'un
et l'autre. La richesse mobilière est plutôt solidaire
de la propriété territoriale, contre laquelle elle peut
être échangée à volonté, et le fait est que les classes
qui possèdent monopolisent non un élément, mais
deux éléments de la production, qui, de droit, de-
vraient être le patrimoine commun de l'humanité :
1° le sol lui-même avec ses forces productives et
ses richesses naturelles, et 2° le fruit des découvertes et des inventions qui ont donné une impulsion si surprenante à la production (1). Les
forces dont dispose l'humanité civilisée ont dé-

(1) Il s'ensuivrait que la perte résultant de la rétrocession du
sol à la nation ou à l'Etat devrait être supportée, non, comme
le veut M. George, par les propriétaires terriens seuls, mais par
tous ceux qui possèdent des richesses.

cuplé, et il n'en est pas résulté plus de bien-être et de sécurité pour la classe des travailleurs; en Angleterre, leur situation était même, au moyen âge, meilleure qu'elle ne l'est à présent, en dépit de tous les progrès accomplis et de toutes les richesses accumulées. Voilà des effets de l'injustice qu'on peut, pour ainsi dire, toucher du doigt.

Or, l'injustice est une anomalie, et le propre de toute anomalie est de tendre à sa propre annihilation, de saper ses propres fondements, et c'est ce qui se manifeste aussi dans le cas que nous considérons. L'expérience montre, en effet, que, avec l'augmentation de la production et l'accumulation des richesses, il se produit un fait qui a un sens directement contraire : la baisse du taux de l'intérêt et la tendance des profits industriels vers un minimum. De là les crises qui ravagent périodiquement l'industrie, et qui, dans les derniers temps, sont devenues endémiques : depuis quelques années déjà, les sociétés civilisées ne sortent plus de l'état de crise. On a indiqué des causes fort diverses de cette situation alarmante, et toutes ces causes peuvent y avoir contribué ; mais la cause principale, la cause fondamentale en est que les classes qui possèdent s'approprient une trop grande partie de la production commune.

Pour être fructueuse, la richesse doit être employée à la production de richesses nouvelles. Or, pour être rémunératrice, la production doit tra-

vailler pour la consommation des classes populaires, qui sont de beaucoup les plus nombreuses.
Mais les classes qui possèdent veulent prélever une
part relativement trop grande de la production
pour elles-mêmes. Donc, on produit pour le peuple,
et on ne lui donne qu'une part relativement trop
petite du montant de la production ; il reste, par
conséquent, un surplus qui ne trouve pas d'emploi fructueux. Et plus la production prend de
l'essor, plus cette disproportion croît et s'aggrave.
De là provient le fait absurde de la *surproduction*,
c'est-à-dire de la détresse engendrée par l'abon-
dance elle-même : l'état de crise se manifestant
dans la baisse du taux de l'intérêt et l'amoindrisse-
ment des profits industriels, qui, loin de profiter
aux classes populaires, ne font que léser toutes les
classes de la société (1).

(1) Un savant allemand, M. Werner Siemens, croit que la
baisse du taux de l'intérêt devra profiter à la classe des travailleurs; il ne connaît donc pas le fait que, dans les pays industriels, le taux de l'intérêt et les salaires montent et baissent
ensemble et non en sens inverse l'un de l'autre, comme l'a
montré M. Henry George par l'exemple de l'Amérique du Nord.
M. Siemens a prononcé, devant la réunion des naturalistes alle-
mands, un discours sur *l'Époque des sciences naturelles*, dont je
n'ai lu qu'une analyse dans la *Tribune de Genève* (du 4 octobre
1886); il a assuré à son auditoire que les progrès futurs des
sciences physiques amèneront une baisse du taux de l'intérêt et
la possibilité de distribuer partout de la force motrice à bon
marché, et qu'alors seront guéris les maux dont souffre l'humanité actuellement. De là grande joie dans le monde. « Ce discours

Nous avons ici sous les yeux la tendance de l'injustice à ruiner ses propres fondements. Aussi
faut-il comprendre que l'ordre actuel ne peut pas
durer indéfiniment; l'organisation individuelle de
la production doit faire place à son organisation
sociale. Car, reposant sur l'initiative d'individus
isolés qui ne visent que leurs propres intérêts et
sont dépourvus de vues d'ensemble, l'organisation
actuelle ne mène pas seulement à une distribution

de M. Siemens a été regardé à Berlin comme un des principaux
événements intellectuels de 1886, » dit le journal genevois, et il
intitulait lui-même « *Consolation* » son article sur le discours
de M. Siemens. Mais, en vérité, c'est une funeste « consolation »
que cette tentative de faire accroire que le mal social disparaîtra
de lui-même, sans que les classes qui possèdent aient à faire ni
efforts ni sacrifices volontaires. Ce mal est l'injustice impliquée
dans l'ordre actuel, et ne peut pas être guéri par les progrès des
sciences physiques, comme l'expérience l'a prouvé suffisamment
jusqu'à présent. Trois jours après l'article précité, on lisait dans
le même journal la communication suivante :

« Londres, 7 octobre.

» Le conseil général de la fédération démocratique sociale a
lancé hier un manifeste constatant la détresse qui règne parmi
les ouvriers sans travail de Londres, détresse plus grande encore
que celle de l'année dernière. Le manifeste invite les ouvriers
sans travail à suivre en procession le lord-maire le 9 novembre,
montrant ainsi au pays leur désespoir et le danger actuel. »

Dans les sociétés les plus arriérées, tout individu valide est au
moins sûr de trouver assez de travail pour vivre honnêtement,
quoique pauvrement ; ce n'est que dans les contrées qui jouissent
de toutes les découvertes de la science et où l'accumulation des
richesses est la plus grande que l'on rencontre le fait monstrueux
du chômage forcé, qui en dit plus que des volumes sur le vice
de l'ordre actuel des choses.

injuste des produits du travail, mais, de plus, est
sujette à des incertitudes, à des vicissitudes qui la
rendent impropre à satisfaire les exigences d'un
état de société rationnel et vraiment civilisé.

III

S'il est difficile de faire comprendre à ceux qui
possèdent que l'ordre actuel ne peut pas durer
toujours, il n'est pas plus facile, d'un autre côté,
de faire comprendre à ceux qui ne possèdent pas,
qu'il ne peut pas être aboli, avec profit pour les
peuples, par la violence, ni même par des mesures
de législation et de réglementation extérieure.
Cependant, il est évident, premièrement, que l'ordre actuel est un ordre naturel, c'est-à-dire conforme à la nature (physique) de l'homme, laissé
libre d'agir à son gré, et, secondement, qu'il était
jusqu'à présent le seul possible et même, en
somme, le seul profitable pour l'humanité. Il est,
de plus, bien clair que l'ordre actuel est injuste,
non en totalité, mais en partie seulement.

Des progrès dans tous les genres et dans toutes les
directions étaient possibles uniquement grâce à la
liberté d'action et à l'initiative spontanée des individus. Si le travail avait eu, dès le commencement, une organisation sociale qui n'eût pas
laissé de place à l'initiative des individus, la société

aurait été condamnée à une stagnation perpétuelle.
Mais une fois admis que le travail et l'organisation du travail devaient être laissés à l'activité
libre des individus, on comprend que les choses
ne pouvaient pas se constituer autrement que nous
les voyons à présent. Chacun ayant à prendre soin
de soi-même, devait naturellement faire de son
propre intérêt son souci principal, et chercher à
s'assurer, dans ses relations avec les autres, les
conditions les plus avantageuses. Il était, par suite,
inévitable que ceux qui étaient favorisés par la
nature ou par les circonstances cherchassent à en
tirer un profit qui n'était pas conforme à la justice
stricte. On ne peut pas condamner cette tendance
d'une manière absolue, tant qu'elle se maintient
dans les limites de la loi positive. Il faut plutôt
comprendre que ce qui paraît injuste à la conscience éclairée de notre temps pouvait être juste et
inévitable en des temps antérieurs. L'égoïsme et
la cupidité ne sont assurément rien de méritoire ni
de recommandable en soi, mais voyez pourtant
quels résultats ils ont donnés. L'essor si prodigieux
de l'industrie et du commerce doit leur être en
grande partie attribué; et c'est là un gain immense
qui, jusqu'à présent, n'a, il est vrai, profité qu'à
une minorité seulement, mais qui peut, dans l'avenir, profiter à la généralité des hommes. Il ne faut
donc pas méconnaître le mérite de la classe qui, à
ses risques et périls, a mis en œuvre cette organi-

sation grandiose de l'industrie et du commerce. Si
la classe des travailleurs voulait s'emparer de ces
résultats par la violence, elle commettrait une injustice flagrante; et ceux-là ne doivent pas commettre d'injustice qui se présentent comme des
champions de la justice.

Mais une telle violence ne serait pas seulement
injuste, elle serait aussi improfitable pour ceux qui
n'auraient pas craint d'y recourir. Les richesses
ravies par la violence se fondraient entre les mains
des ravisseurs. Car ces richesses sont le produit de
l'organisation existante des relations personnelles,
qui embrassent par des fils innombrables tout le
monde industriel et commercial. Toutes ces relations innombrables reposent sur l'entente libre et
la confiance réciproque des entrepreneurs de toute
espèce : le crédit est l'âme de cette organisation.
Toute atteinte portée à cette organisation aurait
donc pour suite immédiate la cessation générale
de la production, et la cessation de la production
serait la ruine générale.

Non, ce n'est pas par la violence, ni même par
des moyens de législation et d'administration, qu'on
pourra jamais réaliser le rêve des socialistes. Au
point de vue de notre nature physique, dont l'é-
goïsme est la loi fondamentale, ce n'est qu'un rêve
incapable de devenir jamais une réalité. En dehors
des sociétés primitives, dans lesquelles la religion
et la coutume étaient plus puissantes que l'égoïsme,

les essais de possession et de travail communs n'ont
toujours abouti qu'à des échecs. Tant que les
hommes resteront ce qu'ils sont, l'ordre actuel sera
le seul possible et celui qui garantira le plus d'a-
vantages à la société en général. Mais l'ordre actuel
ne peut pas durer longtemps, puisqu'il renferme
des éléments d'anomalie qui mènent nécessairement à sa dissolution. Il faut donc que les hommes
eux-mêmes changent.

IV

Mais ce changement est-il possible?

Dans l'antiquité, on a beaucoup discuté la question de savoir si la vertu peut être apprise ou non.
L'expérience semble y répondre tantôt dans un
sens, tantôt dans l'autre. Cependant les cas où l'enseignement de la vertu n'a pas produit des effets
durables peuvent être expliqués par l'action d'influences opposées auxquelles l'individu est soumis
dans l'état actuel de la société, et qui devront être
de plus en plus éliminées par l'extension d'une éducation appropriée. Dans tous les cas, l'expérience
montre que l'éducation a un pouvoir immense sur
l'homme. Ne voyons-nous pas à quelle discipline
étonnante s'est plié le peuple de Sparte pendant
des siècles, et cela en vue d'un but, au fond, fort
mesquin : la grandeur purement extérieure, la pré-

pondérance militaire de Sparte. Cet exemple prouve
que les hommes peuvent tout sur eux-mêmes quand
ils le veulent sérieusement, et qu'il s'agit seulement
de leur faire vouloir le bien. Or, un être raisonnable aime le bien par nature ; tout se réduit donc
à ceci : que les hommes parviennent à percer le
nuage de la déception naturelle qui masque la nature véritable des choses et fait dévier la tendance
naturelle et normale d'un être pensant vers le bien
et le vrai. La notion de l'état véritable des choses
une fois acquise, l'humanité entrera nécessairement dans la voie du progrès moral, qui amènera
avec lui tous les autres progrès.

A ce point de vue, l'organisation sociale du travail, qui semble un rêve irréalisable à l'homme
physique, apparaît, au contraire, comme la tâche
la plus noble, la plus digne de remplir la vie des
individus et de l'humanité. Précisément ce qui,
à première vue, rend cette tâche si désespérante,
à savoir, le fait qu'on ne peut pas constater avec
précision quelle part de la production commune
revient de droit à chacun, est, au point de vue moral, une circonstance particulièrement heureuse.
S'il existait une mesure stricte de la justice, chacun rendrait aux autres ce qui leur est dû, et serait
quitte envers eux. Il n'y aurait pas de place pour
le dévouement. Si un homme possédant en toute
justice des richesses voulait en faire part à d'autres, il leur ferait l'aumône, et l'expérience montre

que l'aumône est funeste et démoralisante. Au contraire, dans l'enchevêtrement actuel des droits et des intérêts, tout individu favorisé par la fortune doit se douter qu'il commet, sans le vouloir, une part d'injustice, et qu'il est, par conséquent, de son devoir de restituer à la société, par son dévouement, ce qu'il en reçoit de trop. En s'associant la classe des travailleurs, en la faisant participer dans une forte mesure au produit de l'industrie, la classe qui possède ne fera donc que son devoir, mais elle le fera par une impulsion parfaitement libre, en dehors de toute contrainte légale, qui est impossible à défaut d'une mesure stricte du juste. De son côté, la classe des travailleurs ne se sentira pas avilie par ce bienfait comme par une aumône, car elle sait y avoir un droit implicite; mais elle n'en devra pas moins voir dans la classe dirigeante des frères aînés, pour ainsi dire, et des bienfaiteurs en un sens purement moral. La confiance et la bienveillance réciproques prendraient la place de l'inimitié ouverte ou latente qui est à l'ordre du jour à présent, et l'organisation sociale du travail marcherait à une réalisation toujours plus complète par les efforts unis des générations.

Pour amener les hommes à travailler au bien général, il suffit de la conviction que là est leur propre bien véritable; que la vie individuelle, étant anormale et vide par essence, ne peut acquérir une valeur réelle et un contenu digne d'un être raison-

nable que par sa consécration à des intérêts supérieurs. Il faut aussi discerner clairement le but
final de ces aspirations, c'est-à-dire cet état des individus et de la société qui peut et doit être réalisé
par l'humanité parvenue à la notion vraie des
choses. Ce sera un état social où tout homme
pourra voir dans chacun de ses semblables un ami
et, pour ainsi dire, un autre lui-même, prêt à l'aider
dans tous ses besoins et à prendre une part sincère à ses joies et à ses tristesses. Point de police
ni de gouvernement dans le sens actuel, mais une
organisation sociale destinée à satisfaire les besoins
communs de tous. Tout ce qui sépare les hommes
et les met en opposition les uns avec les autres :
les différences de religions, de nationalités, de classes, même de langages (car il y aura une langue
universelle à côté des idiomes particuliers), sera
éliminé, et alors l'homme sentira les limites de
son individualité merveilleusement élargies et vi-
vra, pour ainsi dire, de la vie de l'humanité entière.

Ce qui, actuellement, rend la vie si terne et si
insignifiante, ce qui emprisonne chacun dans des
limites étroites, c'est le dévouement exclusif à des
intérêts personnels, la différence et l'opposition de
ces intérêts, et la défiance que les hommes ont par
suite les uns envers les autres, étant les uns pour
les autres des x, des grandeurs inconnues. *L'âme
d'autrui est obscure*, dit avec raison un proverbe
russe. Même les gens qui se connaissent et qui ont

une réelle bienveillance les uns pour les autres doivent se tenir toujours en garde, afin de ne pas froisser les intérêts et les susceptibilités des autres ou de ne pas en être froissés eux-mêmes. Le fond en est toujours l'incertitude sur les dispositions et les susceptibilités d'autrui. C'est pourquoi, dans l'état actuel, les formes de la politesse sont nécessaires comme un masque et un substitut de la bienveillance. Mais cette incertitude et cette défiance mutuelle disparaîtront entièrement quand les hommes auront atteint un état moral suffisamment avancé. L'état normal no recèle point de secrets : la pensée juste, la volonté droite, les sentiments vertueux, n'ont rien d'individuel dans leur essence, sont les mêmes dans tous les individus chez qui ils se rencontrent. Quand donc les hommes, dans leur généralité, auront atteint l'état normal, chacun verra dans son semblable son propre double, et, en même temps, l'image de ce qu'il y a de plus auguste sur la terre : la sagesse, la vertu et la bienveillance.

On dira peut-être que l'humanité parvenue à un état de sagesse et de vertu général sera bien ennuyeuse dans son uniformité. Mais cette supposition est dénuée de fondement : l'uniformité dans la perfection sera tout autre chose que cette uniformité dans la médiocrité qui tend à se répandre de nos jours. Elle n'exclura pas l'originalité provenant de particularités nationales et individuelles. Chacun étant entièrement libre de donner tout essor

à son individualité, mettra au jour tous les dons
et tous les fruits qu'elle peut produire, et la nature
se chargera toujours d'y mettre une mesure suffisante de diversité. Au contraire, de nos jours, ne
pouvant dominer la nature intérieurement, dans
ce qu'elle a d'anormal, on cherche à la comprimer
dans l'extérieur, et de là vient le caractère terne
et l'uniformité désolante dont Stuart Mill déplo-
rait l'envahissement.

Pour nous affermir dans nos efforts vers la réalisation du bien, nous devons donc toujours avoir
présente l'image de cet état final, et en même
temps nous dire que nous, qui sommes encore si
éloignés du but, nous avons pourtant de quoi remplir dignement la vie par la tâche même que ce but
nous impose. Le vrai bien a cette propriété, qu'on
le possède intérieurement dès qu'on se met à travailler pour en hâter la venue : *Le royaume des
cieux est au dedans de vous.*

SIXIÈME ARTICLE

LA NORME DE LA PENSÉE

Dans les deux premiers articles de ce petit recueil, j'ai déjà mentionné une norme ou loi fondamentale de la pensée, comme devant servir de base à la philosophie, et ce recueil serait trop incomplet si je n'essayais de donner ici une idée, au moins sommaire, de cette loi.

La pensée, l'idée ou la représentation a une nature double. En qualité d'événement réel se produisant dans le temps, elle a une nature physique et est l'effet de causes ; mais elle possède aussi un autre aspect et une autre nature, en ce sens qu'elle a le pouvoir de reproduire en soi le monde des choses : c'est même là son principal rôle. Par ce dernier côté, elle est parfaitement distincte de tout objet et de tout événement physique, car elle prend alors sa source, non dans des forces, mais dans des principes, et obéit (ou doit obéir) à des lois non physiques, mais logiques. Ces lois ou principes sont ce qu'on appelle l'élément *à priori* de la pensée. Cependant, ceux mêmes qui ont reconnu un élément *à priori* de la pensée n'en ont jamais bien relevé le caractère merveilleux.

Tout un monde est contenu dans la pensée d'un homme, et celui-ci peut, sans sortir de lui-même, explorer les lois de l'univers, quoiqu'il n'en soit qu'une partie infime. Si l'on recherche quelle propriété de la pensée ou de l'idée rend possible ce résultat surprenant, on voit que l'idée n'est pas seulement une image des objets situés en dehors d'elle-même, mais renferme aussi la croyance à leur réalité objective, située en dehors de l'idée elle-même. Toute idée ou représentation implique la croyance à sa propre vérité, c'est-à-dire à la réalité de l'objet représenté. Cette croyance constitue la nature logique de l'idée, et ne peut absolument pas être expliquée par des causes physiques.

En vertu de cette faculté ou de ce pouvoir, l'idée représente des objets réels sans en posséder elle-même les propriétés : l'idée d'un triangle n'est pas triangulaire, l'idée de la douleur n'est pas douloureuse, l'idée d'un cheval n'est pas un cheval, etc. Aussi une pensée unique peut-elle représenter tout un monde, et, par la croyance à sa réalité objective, elle le porte en soi d'une manière idéale.

Or, l'acte de croire est un jugement ; juger est donc la fonction logique de la pensée, et son principe est la conscience de l'opposition du vrai et du faux. Cette conscience est l'élément *à priori* de la pensée, se manifestant dans le principe de contradiction qui peut être formulé ainsi :

La même proposition ne peut pas être vraie et fausse en même temps.

Là est la source de la négation logique qui ne signifie rien autre que la condamnation du faux. Où cette conscience de l'opposition du vrai et du faux manque, la pensée est soumise à des lois physiques, et partant, pour ainsi dire, dégradée, sinon dénaturée. Ainsi, tout acte de la pensée étant un jugement, les animaux jugent aussi : ils distinguent les objets et leurs qualités, apprécient leurs distances, etc. ; mais chez les animaux, la pensée, étant entièrement soumise à des lois physiques, ne possède pas de caractère vraiment logique. Un jugement logique, par essence, ne se rencontre que chez l'homme, parce que l'homme seul a la conscience de l'opposition du vrai et du faux.

Et ce qu'il faut surtout bien remarquer, c'est que l'opposition du vrai et du faux n'existe pas dans la réalité physique qui fait l'objet de notre expérience. Pour s'en convaincre, il suffit de se rappeler ceci : presque sur toutes choses nous voyons se produire des opinions directement opposées les unes aux autres et qui, à première

vue, semblent être appuyées par des arguments
également plausibles. Et, en effet, il arrive dans
la plupart des cas que les opinions opposées ont
les unes et les autres en partie tort et en partie
raison, ce qui donne une impression suffisante de
la difficulté qu'on rencontre à distinguer le vrai
du faux. Cette difficulté est si grande qu'elle a
paru à plusieurs penseurs l'équivalent d'une impossibilité, et, en voyant la divergence des opinions
se reproduire partout et toujours, en voyant les
mêmes controverses se perpétuer pendant des
siècles sans arriver jamais à une issue ou à une
solution définitive, on est, en effet, tenté de déses-
pérer et de s'écrier avec le *Faust* de Gœthe :

O glücklich, wer noch hoffen kann,
Aus diesem Meer des Irrthums aufzutauchen ! (1)

Mais ce bonheur ne nous est pas refusé. Le
principe de contradiction nous donne la certitude
absolue que le vrai est non seulement distinct du
faux, mais lui est même opposé par essence, et
que notre pensée, consciente de cette opposition,
possède des moyens sûrs de les distinguer l'un de
l'autre, malgré l'enchevêtrement où ils se trouvent
dans ce monde trompeur de l'expérience. Aussi
voyons-nous que dans les cas où l'on s'est avisé

(1) « Heureux celui qui peut encore espérer s'échapper de cette
mer d'erreur. »

d'appliquer des méthodes rationnelles — ce dont les sciences physiques nous offrent un exemple si magnifique et si convaincant, — on est parvenu à des résultats parfaitement certains et définitifs, excluant le doute et la divergence d'opinions. Quoique plongés, rigoureusement, dans « une mer d'erreur, » nous pouvons donc espérer de gagner en tout la terre ferme de la vérité, par l'emploi de moyens appropriés au but.

Or, pour cela, il faut avant tout connaître le principe même du vrai, la norme ou loi fondamentale de la pensée, qui constitue sa nature logique et lui offre le critère général pour la distinction du vrai et du faux.

L'expression, familière aux logiciens, de cette loi est le principe de contradiction qui peut être formulé de deux manières :

La même proposition ne peut pas être vraie et fausse en même temps;

ou :

L'affirmation et la négation de la même chose ne peuvent pas être vraies toutes deux en même temps.

Si l'on s'en rapportait à l'expérience qui nous présente presque partout des opinions opposées, se combattant et se niant réciproquement, ces deux formules seraient elles-mêmes sujettes à controverse; mais elles sont certaines, et leur certitude est, par conséquent, inhérente à la pensée elle-même. Toutefois, on voit, dès l'abord, que ces deux formules ne peuvent pas être l'expression originaire et complète d'une loi inhérente à la pensée: 1° parce qu'elles renferment un rapport avec le temps et la succession (par la clause *en même temps*), qui ne nous sont connus que par l'expérience, et 2° parce qu'elles ne contiennent aucune indication de la source d'où provient la négation logique, la conscience du faux ou de la non-existence.

La non-existence ne peut jamais être un objet de l'expérience. Quand nous avons l'idée d'un objet, cet objet nous est présent par l'idée, et aucune idée ne contient un indice immédiat de sa propre fausseté, de la non-existence de son objet. Au contraire, toute idée implique la croyance à sa propre vérité, à l'existence réelle de l'objet représenté. D'où provient donc la négation?

Il se produit des idées différentes sur le même objet, et la négation logique, la conscience du faux, provient du conflit des affirmations impliquées dans ces idées différentes. Mais ce conflit des affirmations n'a pas non plus de source empirique. Les qualités réelles des objets ne se trouvent pas en opposition intrinsèque entre elles : la figure ronde ne contient pas en soi la négation de la figure carrée, pas plus que la couleur rouge ne contient la négation de la couleur blanche, et l'expérience semble même présenter la possibilité de la réunion, dans un même objet, de qualités que nous tenons pour contradictoires, puisqu'elle nous montre qu'un objet qui paraît rouge à un homme peut paraître noir à un autre. Le conflit des affirmations et la négation logique qui en résulte ont leur source dans la certitude, inhérente *à priori* à notre pensée, qu'un objet ne peut pas différer de lui-même, ne peut pas avoir deux manières d'être différentes. Sur cette certitude repose la conscience de l'opposition du vrai et du faux qui sont entremêlés dans le monde de l'expérience. Pour bien saisir le sens de cette certitude, de cette loi de la pensée, il faut donc constater en quoi les objets de l'expérience s'accordent et en quoi ils ne s'accordent pas avec elle.

Le vrai sens de la proposition, qu'un objet ne peut pas différer de lui-même, est qu'il ne peut pas renfermer, dans son unité, une diversité, ne peut pas avoir des qualités multiples et différentes. Car si un objet possédait deux qualités différentes qui lui fussent également propres, étant à la fois l'une et l'autre de ces qualités, il serait différent de lui-même, ce qui est incompatible avec le principe de contradiction et avec le concept *à priori* qui y est exprimé. Or, tous les objets de l'expérience possèdent des qualités multiples et différentes, et, par conséquent, ne s'accordent pas avec notre concept d'un objet. Néanmoins la nature des objets empiriques n'est pas contradictoire; car rien de correspondant à la contradiction logique ne peut se ren-

contrer dans la réalité. Quelle est donc la relation
logique exacte entre notre concept d'un objet et la
nature des objets de l'expérience?

A priori nous sommes disposés à penser que tout
objet possède une nature qui lui est propre, et
un tel objet est nécessairement identique avec
lui-même, ne renferme pas de diversité dans son
unité. La norme de notre pensée est précisément
le concept d'un objet possédant une nature qui
lui est propre et identique avec lui-même; nous
l'appelons une *substance. A priori* nous ne pouvons
pas même concevoir la possibilité d'un objet dépourvu d'une nature à lui propre, c'est-à-dire qui
ne soit pas une substance. Mais ce qui est complètement inconcevable pour nous, l'expérience nous
le présente à chaque pas : des objets ne possédant
pas de nature vraiment propre à eux, des objets
dont la nature est un produit de causes extérieures
et antérieures. Aussi les objets de l'expérience ne
sont-ils pas des substances ou des objets réels, mais
n'en présentent que l'apparence fausse et trompeuse.

Il y a donc un désaccord flagrant entre la norme
de notre pensée, le concept d'un objet, tel que nous
le possédons *à priori*, et la nature des objets de
l'expérience. Mais ce désaccord ne va pas jusqu'à
la contradiction. Si une réalité quelconque était en
contradiction avec la norme de notre pensée, cette
norme elle-même et son expression, le principe de

contradiction, n'auraient pas de vérité ni de validité objectives. Bien loin de là, nous voyons plutôt qu'il ne peut y avoir de réalité logiquement
contradictoire, que le principe de contradiction est
valide partout, préside à tous les jugements logiques, et, partant, aussi à toutes les connaissances
possibles. Il reste à montrer de quelle manière ou
dans quel sens la norme de notre pensée, tout en
ne s'accordant pas avec la nature des objets empiriques, est néanmoins le principe de toute vérité et
de toute certitude rationnelles dans la connaissance
de ces objets.

Un objet qui possède une nature vraiment propre est un objet absolu, indépendant de tout ce qui
n'est pas lui. Ces deux concepts peuvent même être
substitués l'un à l'autre : être absolu, c'est avoir
une nature vraiment propre, non dérivée du dehors, *et vice versa.* La norme de notre pensée est
donc le concept de l'absolu, exprime la nature normale ou absolue des choses, et tout ce qui dépend
de conditions est, par conséquent, en dehors de
son domaine propre. C'est pourquoi les objets de
l'expérience, étant en tout dépendants de causes,
peuvent diverger de la norme de notre pensée sans
être en contradiction avec elle. Un objet de l'expérience a toujours plusieurs qualités, mais il ne les
possède pas en propre, d'une manière absolue, parce
qu'il n'est pas le moins du monde un objet unique
réel : son unité n'est qu'une simple forme. Un

corps peut être en même temps cubique, blanc et doux, mais c'est que ce corps n'existe pas en tant qu'unité substantielle ; l'expérience ne nous offre, en réalité, que des sensations se présentant sous les qualités de cubique, de blanc et de doux, qui nous apparaissent faussement comme un corps unique dans l'espace. De même, notre moi renferme, dans son unité, une grande diversité de qualités et de déterminations ; mais notre moi n'est pas non plus une unité réelle, il n'est qu'une forme d'unité sous laquelle nous apparaissent les données de notre expérience intérieure, comme je l'ai montré dans un article précédent. L'unité dans la diversité et la diversité dans l'unité peuvent donc exister et n'impliquent point de contradiction logique, si elles sont un produit de causes, si elles ne possèdent pas de caractère absolu.

Mais si un objet de l'expérience avait deux déterminations différentes dans la même qualité ou sous le même rapport, par exemple, si un corps était cubique et rond en même temps, ou si un sujet avait deux volontés différentes à l'égard du même but, comme l'affirment les partisans du « libre arbitre, » cette réunion du divers aurait un caractère absolu : le rond lui-même serait cubique, et le cubique serait, par sa propre nature, rond, ce qui est contradictoire, incompatible avec le principe de contradiction et avec le concept fondamental qu'il exprime.

Nous voyons donc comment la norme de notre pensée trouve son application dans le domaine de l'expérience qui n'y est pas, par sa nature, conforme. Un objet réel ne pouvant renfermer de diversité dans sa nature propre ou absolue, une unité absolue de la diversité est, en général, impossible. De là suit que, même dans le domaine de l'expérience, aucun objet ne peut avoir deux qualités différentes sous le même rapport ou même temps. Cette notion est le fondement de la règle générale des jugements logiques, qui se formule ainsi :

Deux affirmations différentes sur le même objet et sous le même rapport (comme : « A est rond » et « A est cubique ») *ne peuvent pas être vraies toutes deux en même temps.*

Voilà la source du conflit des affirmations et de la négation logique qui en découle. De là provient aussi la formule ordinaire du principe de contradiction :

L'affirmation et la négation d'une même chose ne peuvent pas être vraies en même temps.

Ces deux dernières formules sont donc des dérivées de la certitude primordiale et fondamentale que l'unité absolue de la diversité est impossible, étant contraire au concept de la nature normale ou absolue des choses, qui est la norme suprême de notre pensée.

Ces deux dernières formules, exprimant la norme dans son application aux objets de l'expérience,

contiennent la clause du temps, qui est complètement étrangère à cette norme en soi. *A priori* nous
ne savons rien du temps, du changement et de la
succession. Un objet absolu et identique avec lui-
même, comme le conçoit notre pensée, est entièrement en dehors du temps et soustrait à tout changement : ce qui est identique avec lui-même ne
peut jamais devenir différent de lui-même. Au contraire, les objets de l'expérience sont soumis à un
changement perpétuel, et leur permanence même
est une renaissance de tous les moments. Un objet
de l'expérience peut donc avoir deux qualités différentes au même point de vue *successivement :* un
objet rond peut devenir cubique, un homme igno-
rant peut devenir savant, etc. C'est pourquoi la
norme de la pensée, dans son application à l'expérience, doit inclure dans sa formule la clause du
temps, comme on l'a vu plus haut.

Or, il est aisé à présent de voir comment de la
norme suprême résultent deux autres principes de
la pensée, qui communiquent une certitude rationnelle, et, partant, un caractère vraiment scientifique, aux généralisations de la science. Je parle du
principe de causalité et du principe de l'invariabilité de la substance.

Ces deux principes expriment une seule et même
notion : que le changement et l'existence absolue
s'excluent mutuellement, sont incompatibles l'un
avec l'autre. Car d'après le principe de l'invariabi-

lité de la substance, la substance, c'est-à-dire l'absolu, est, en soi, invariable, et d'après le principe
de causalité, aucun changement n'est absolu, ne
peut arriver sans cause.

En effet, la norme suprême de notre pensée est
le concept de la nature normale ou absolue des
choses, dans laquelle l'unité exclut la diversité :
tout objet réel est, suivant ce concept, simple et
identique avec lui-même. Donc, tout changement
est parfaitement étranger à la nature normale ou
absolue des choses; aucun changement ne peut,
par conséquent, être absolu, indépendant de causes.
Un objet absolu, conforme à la norme de notre
pensée, ne pouvant ni être ni devenir différent de
lui-même, tout changement, tout ce qui devient
différent de lui-même nous est un indice certain
d'une existence privée du caractère absolu, et, par
conséquent, soumise à des conditions, dépendante
de ce qui n'est pas elle-même.

Pour voir clairement ce que cette certitude ac-
complit dans notre pensée, il faut remarquer ceci :
dire que le changement est la manière d'être normale et absolue des choses, c'est dire qu'il n'y a,
dans la réalité, rien d'invariable, rien qui soit soustrait au changement. La notion *à priori* que le
changement est étranger à la nature normale ou
absolue des choses nous donne donc la certitude
que, même dans le monde soumis au changement,
il y a nécessairement un élément invariable, quel-

que chose qui est soustrait au changement. Cet élément invariable se rencontre dans les relations des causes avec leurs effets, dans les lois de leurs successions.

De la proposition : *Aucun changement n'est possible sans cause,* découle avec une nécessité logique immédiate cette autre proposition : *Les mêmes causes produisent toujours les mêmes effets,* ce qui signifie que les rapports entre les causes et les effets, les lois de leurs successions, sont invariables. La certitude de cette invariabilité confère un caractère rationnel à nos inductions.

David Hume a déjà démontré, avec la clarté et la virtuosité qui lui étaient propres, que l'expérience elle-même ne fournit aucune raison valide, aucun fondement rationnel pour les inductions qu'on en tire ; que l'invariabilité des rapports constatée dans le passé ne peut jamais garantir rationnellement leur invariabilité dans l'avenir. En effet, sans la certitude *à priori* qu'il y a nécessairement, dans toute réalité, un élément invariable, soustrait au changement, les généralisations empiriques n'auraient pas de certitude rationnelle, et, partant, pas de caractère vraiment scientifique ; car alors on ne saurait jamais où s'arrête le domaine du changement, on ne pourrait lui supposer aucune limite absolument infranchissable. C'est donc la norme suprême de la pensée qui seule confère un caractère scientifique aux inductions.

Maintenant, essayons d'embrasser dans une vue d'ensemble la nature de notre expérience et le rôle qu'y joue la norme de notre pensée.

L'extrême difficulté qu'on trouve à distinguer le vrai du faux dans notre expérience provient de ce que le vrai lui-même n'y a qu'une vérité relative, ne signifiant rien autre chose que la perfection et l'universalité de la déception qui y réside. N'étant pas différent du faux par sa nature même, le vrai empirique ne s'en distingue que par des caractères secondaires dont la constatation est sujette à beaucoup de difficultés. Le vrai, dans l'expérience, n'est vrai que parce qu'il est conforme aux lois invariables et universelles qui constituent un système conséquent d'expérience. Reconnaître le vrai, dans l'expérience, c'est donc reconnaître les lois qui la régissent, et cette connaissance est, comme on le sait, fort difficile, à cause de l'extrême complication et de la nature variable des choses de l'expérience. Aussi l'humanité n'est-elle arrivée que fort tard à la science de la nature, et seulement en y employant les méthodes les plus ingénieuses, en y mettant une patience et un labeur presque infinis.

Mais, demandera-t-on, de quelle manière ce monde, où tout se trouve dans un flux et changement perpétuel, peut-il conserver un élément invariable, soustrait à tout changement? C'est ici que se manifeste la nécessité de la déception dans ce monde : des lois invariables ne s'y rencontrent

10'

que parce que les objets de l'expérience apparaissent eux-mêmes comme des substances, c'est-à-dire comme des objets invariables en soi. Aucun objet de l'expérience n'est, en vérité, invariable ; mais l'organisation de l'expérience conformément à cette apparence constitue un ordre invariable dans le flux des phénomènes fugitifs. C'est pourquoi le principe de l'invariabilité de la substance trouve son application dans le monde de l'expérience, quoiqu'il ne s'y rencontre aucune substance véritable, et la norme de notre pensée peut nous garantir l'inaltérabilité des lois de l'expérience, qui n'existerait pas du tout sans sa conformité apparente avec cette norme.

En somme, la norme de notre pensée : 1° est la condition nécessaire de l'existence même de l'expérience et du monde physique qui nous est connu par son moyen ; 2° donne naissance au principe de contradiction qui préside à tous les jugements logiques et à tous les raisonnements déductifs ; et 3° engendre le principe de causalité et celui de l'invariabilité de la substance, qui président à tous les raisonnements inductifs, conférant un caractère apodictique et une certitude rationnelle aux généralisations de la science.

Mais la vertu principale de la norme de notre pensée est de nous élever au-dessus de la déception qui constitue la nature physique des choses de ce monde, en général, et de notre propre moi en par-

ticulier. C'est seulement en comparant les substances de ce monde avec le concept de la substance,
qui est la norme de notre pensée, que nous pouvons arriver à la notion de leur caractère faux et
illogique, et, par cela, triompher de l'apparence dans
laquelle nous naissons et sommes condamnés à vivre. La présence de cette norme en nous nous
rend seule raisonnables et nous confère cette se-
conde vie, dans la réflexion, qui nous distingue des
animaux. Non que la norme de la pensée fasse
défaut aux animaux; mais elle ne les élève pas,
parce qu'ils n'en ont pas même la conscience élé-
mentaire qui se manifeste dans la notion de l'opposition du vrai et du faux. Par la conscience claire
de la norme, l'humanité pourra acquérir un caractère plus spirituel et participer, en quelque sorte,
à la réalité absolue ou divine.

RÉSUMÉ

Toute la partie théorique de la philosophie se résume dans ces trois propositions :

1° Il y a une norme ou loi fondamentale de la pensée qui peut être énoncée ainsi :

Tout objet réel possède une nature qui lui est propre ; tout objet est simple et identique avec lui-même, ne renferme en soi aucune diversité.

En d'autres termes : ce qui est un ne peut pas être, par sa propre nature, multiple, et le multiple ne peut pas être, par sa propre nature, un.

Cette proposition est d'une certitude et d'une évidence immédiates. Un objet renfermant en soi une diversité n'est pas un objet réel, mais un composé et un produit de causes ; c'est-à-dire qu'il ne possède pas de nature qui lui soit vraiment propre. Déjà le Bouddha répétait souvent ces paroles d'une parfaite vérité : « Tout composé est vide et périssable. »

2° Or, tous les objets que nous présente l'expé-

rience sont des composés de phénomènes fugitifs
et sont produits par des causes ; ils ne possèdent
donc pas de nature qui leur soit vraiment propre
et ne sont pas conformes à la norme de notre
pensée.

3° Mais tous les objets de notre expérience, tant
intérieure qu'extérieure, sont organisés de manière à paraître conformes à la norme de notre
pensée. Dans notre expérience intérieure tout se
passe comme si notre moi était une substance indivisible et identique avec elle-même dans la succession du temps ; et, de même, les sensations de
nos sens extérieurs nous apparaissent comme des
substances invariables, et tout, dans notre expérience, arrive et se produit, en effet, comme si les
objets que nous percevons étaient, non des sensations en nous, mais des corps dans l'espace. Notre
expérience tout entière renferme donc une déception organisée systématiquement, suivant des lois
universelles et immuables, pour paraître conforme
à la norme de notre pensée.

Toute la philosophie théorique est contenue dans
ces trois propositions et peut en être déduite, comme
on le voit aisément en examinant la table ajoutée
à la fin du deuxième volume de mes œuvres allemandes.

Mais l'investigation théorique n'est pas la seule
voie pour constater l'anomalie contenue dans l'expérience ; nous la constatons encore par une autre

voie : nous la sentons immédiatement comme mal et comme douleur. C'est là le fondement de la morale et de la religion, qui reposent toutes les deux sur la conscience immédiate que le mal est quelque chose d'anormal, que le contraire ou l'opposé du mal, c'est-à-dire le bien, est seul conforme à la nature normale des choses. Car de cette conscience résultent les conclusions suivantes :

1° Il faut faire le bien par amour du bien, qui est seul conforme à la nature normale des choses (1).

2° On ne peut atteindre aucun bien véritable en faisant le mal, parce que le bien et le mal sont opposés l'un à l'autre par essence.

3° Pour la même raison, tout ce qui nous porte au mal est l'effet d'une déception naturelle qui constitue notre individualité elle-même; car aucun homme ne peut vouloir et faire le mal autrement qu'en conséquence d'une erreur ou d'une apparence naturelle qui lui fait voir son propre bien dans le mal d'autrui. Il y a donc une apparence trompeuse du bien, comme il y a une apparence trompeuse du vrai.

Voilà pour la morale.

_____

(1) Si l'on demande : qu'est-ce que le bien? la réponse ne peut offrir de difficulté, car chacun sait ce qui est le bien pour lui-même; or, ce qui est le bien pour lui l'est aussi pour les autres. De là cette règle formulée il y a déjà deux mille ans : *Fais à autrui comme tu veux qu'on te fasse à toi-même.*

4° Il y a un être purement bon, qui est la nature normale des choses.

Voilà pour la religion.

De cette manière, toute la philosophie est ramenée à quelques notions d'une simplicité et d'une évidence parfaites. Cependant l'expérience montre qu'on trouve une difficulté extrême à comprendre ces notions. La cause en est, premièrement, dans le fait que toute notre expérience est organisée de manière à nous tromper sur la nature des choses, et, secondement, dans le fait que les choses de ce monde sont incompréhensibles, tandis que la disposition naturelle de l'esprit est de supposer que les choses sont compréhensibles ou explicables.

Avec cette dernière considération, nous arrivons à un point qui est, pour ainsi dire, le nœud vital de la philosophie. Des prémisses énoncées plus haut découlent les deux conclusions suivantes :

1° L'absolu est la nature normale des choses.

2° L'absolu, ou la nature normale des choses, ne contient pas la raison suffisante de la nature physique, qui est anormale : la norme ne peut pas servir à l'explication de l'anomalie.

Ce qui est anormal exige une explication, et, en même temps, n'est pas susceptible d'être expliqué : en cela consiste l'*antinomie* inhérente à l'anormal et inséparable de sa nature. Ainsi voyons-nous, par exemple, que le principe de causalité, qui exige que tout changement ait une cause, rend, par cela même, impossible de penser un premier changement et une cause première ou absolue des changements; c'est-à-dire que l'existence du changement a besoin d'explication, et, en même temps, n'en est pas capable. Semblablement, l'existence du mal et du faux exige une explication et n'en est pas capable; et il en est de même du monde physique en général. Or, c'est ce qu'on n'a jamais compris et ce qu'on trouve extrêmement difficile à comprendre, précisément parce qu'il s'agit ici de l'incompréhensibilité des choses de ce monde elles-mêmes.

Jusqu'à présent, on n'a essayé que ces trois attitudes vis-à-vis du monde :

1° Ou l'on prétendait que le monde n'a pas besoin d'explication, qu'il est lui-même l'absolu ; 2° ou l'on supposait un absolu distinct du monde, mais devant servir à son explication : on prétendait que l'absolu contient la raison suffisante du monde, qui peut, par conséquent, en être dérivé. C'est l'attitude favorite des métaphysiciens, qui ont toujours dirigé tous leurs efforts à expliquer le monde par l'absolu, à le faire dériver de l'absolu, soit qu'ils conçoivent ce dernier comme un être ou une substance unique, soit qu'ils se le représentent comme une multiplicité de substances : atomes ou monades. On ne peut s'empêcher, tout d'abord, de trouver étrange ce procédé des métaphysiciens qui, sans même savoir au juste si l'absolu est un ou multiple, croient pouvoir expliquer par cet in connu le monde des choses connues. Enfin, 3° on se borne, comme il est devenu de mode aujourd'hui, à prendre les choses comme elles se présentent, sans se demander si elles ont besoin d'explication métaphysique ou non : on s'abstient, ou, du moins, on veut s'abstenir de toute métaphysique.

Cette dernière attitude, qui paraît, à première vue, être plus rationnelle que les autres, est au fond, sous tous les rapports essentiels, l'équivalent de la première ; et toutes les trois n'étaient possibles que parce qu'on ne connaissait ni la nature véritable des choses ni le sens des normes inuées qui constituent notre nature supérieure : logique et morale.

Le monde physique a besoin d'explication et, en même temps, n'est pas susceptible d'être expliqué, étant anormal. Le monde n'est ni lui-même l'absolu ni un dérivé de l'absolu ; le rapport entre l'un et l'autre est, comme Kant l'a désigné, mais malheureusement sans en avoir une idée claire, celui de *la chose en soi* (Ding an sich) et du *phéno-mène* (Erscheinung). Il faut indiquer la nature et en même temps l'incompréhensibilité de ce rapport.

Quelle est la raison qui nous fait dépasser, dans la pensée, le monde des choses physiques et admettre un au delà? Cette raison est donnée par les deux normes que nous possédons : la norme logique, qui est un concept de l'absolu, et la norme morale, qui repose sur le sentiment de l'absolu, et qui sont toutes les deux en désaccord avec la nature physique des choses.

Suivant ces normes, la nature normale ou absolue d'un objet est la nature qui lui est vraiment propre et ne renferme point de diversité. Dans le domaine de l'expérience, au contraire, aucun objet n'est simple et ne possède une nature qui lui soit vraiment propre; c'est ce que nous pouvons constater avec une certitude immédiate partout, et d'abord en nous-mêmes, comme je l'ai fait voir dans les articles précédents. Donc l'absolu, ou la nature vraiment propre (normale) des choses, est en dehors de l'expérience. La nature physique, étant ainsi en désaccord avec la nature normale des choses ou avec l'absolu, contient des éléments qui sont étrangers à celui-ci : la nature physique est l'apparition *(die Erscheinung)* de l'absolu sous des formes qui lui sont étrangères. Etant étrangers à l'absolu ou même, comme le mal et le faux, opposés à lui par essence, ces éléments et ces formes ne peuvent pas en être déduits. Donc l'absolu ne contient pas la raison suffisante du monde physique et ne peut pas servir à son explication : il n'est pas une cause ou, en général, un principe physique. Il y a une contradiction logique à supposer que l'absolu soit une cause ou qu'une cause soit absolue. Bref, l'absolu est la norme ou l'idéal suprême.

« Mais, dira-t-on, l'idéal n'est rien de réel ; un absolu qui ne se fait pas sentir à nous physiquement, d'une manière quelconque, n'est qu'une value abstraction. » Si l'on parle ainsi, c'est qu'on est encore entièrement dominé par l'apparence qui fait paraître la réalité physique comme quelque chose de substantiel et de solide. Mais chacun de nous ne porte-t-il pas en lui-même le témoignage du contraire ? L'idéal n'est-il pas une puissance en nous ? Cette question, qui semble, à première vue, être purement métaphysique, située en dehors de notre portée et, partant, oiseuse, est, en réalité, une des questions les plus vitales et les plus pratiques. Car la question de savoir s'il y a une nature normale ou absolue des choses, en dehors de l'expérience, est la même que la question de savoir si les normes qui constituent notre nature supérieure sont de vraies normes, suivant lesquelles nous pouvons juger les choses, ou de simples imaginations sans valeur. Voyons de plus près ce qui est impliqué dans cette question.

Si la norme de notre pensée, qui est un concept de l'absolu, n'est pas valide, n'a pas de vérité objective, les principes de contradiction, de causalité et de l'invariabilité de la substance, qui en découlent, n'ont pas de certitude rationnelle ; et c'est dire qu'il n'y a pas de pensée logique ni de certitude rationnelle en général. De même, si la norme morale, qui repose sur le sentiment de l'absolu ou de la nature normale des choses, n'a pas de vérité, la liberté et l'obligation morales sont dénuées de sens, et un

jugement moral est, en général, impossible. Bref,
nous sommes, non des êtres moraux et raisonnables, mais de simples machines psychiques,
comme le veulent certains naturalistes modernes.
Mais cette supposition est inadmissible, même à
première vue ; car une machine qui reconnaît sa
propre nature s'élève par cette connaissance au-dessus d'elle-même, et prouve par cela qu'elle est
quelque chose de plus qu'une machine.

En effet, quel homme dans son bon sens voudra renoncer au droit de juger et, ce qui est la
même chose, renier la conscience de sa propre
autonomie fondée sur la possession de normes
supérieures ? Dans notre âge d'empirisme à outrance, où l'on veut avec une espèce de passion se
subordonner en tout à la réalité physique, on perd
souvent de vue que c'est une entreprise contraire
au simple bon sens. Renier en soi toute autonomie,
toute norme élevée au-dessus de l'expérience, c'est
admettre du même coup que tout, dans le monde
de l'expérience, est normal, conforme à l'ordre
absolu ou éternel des choses. Voyons quelles sont
les conséquences logiques de cette supposition. Il
y a, dans le monde de l'expérience, trois éléments
que notre raison reconnaît pour des symptômes ou
des manifestations de l'anomalie de ce monde : le
changement, le mal et la déception ou l'apparence.
Examinons successivement ces trois symptômes.

Dira-t-on que le changement est la manière

11*

d'être normale ou absolue des choses ? Mais c'est
dire qu'il n'y a, dans la réalité, rien qui soit soustrait au changement, et l'expérience, en nous révé-
lant des lois immuables, prouve elle-même le contraire. Comment croire que le changement soit
quelque chose d'absolu quand l'expérience montre
qu'un changement n'arrive jamais sans cause ? Le
fait que tout, pris individuellement, change et
périt, prouve plutôt d'une manière évidente que
tout, dans le monde de l'expérience, est dépourvu
de consistance et partant anormal. Cela ressort
plus clairement quand on considère le mal dont ce
monde est rempli. Dira-t-on que le mal soit quelque chose de normal ? Mais alors pourquoi cherche-
t-on à s'en débarrasser ? Qu'on tâche plutôt de
cultiver le mal, qui est, selon la supposition, conforme à l'ordre absolu ou normal des choses. Il en
est de même à l'égard de la déception. Tout, dans
ce monde, est si bien arrangé pour nous tromper,
pour faire paraître les choses autrement qu'elles
ne sont, que l'humanité a mis des milliers d'années
pour arriver à quelques connaissances sûres, et
nous avons même démontré que toute notre expérience repose sur une déception ou une apparence
systématiquement organisée. Dira-t-on qu'il est
dans la nature normale des choses de tromper, de
paraître ce qu'elles ne sont pas ? Mais c'est dire
que l'erreur fait partie de la vérité elle-même, que
les choses sont en vérité ce qu'elles ne sont pas (ce

qu'elles paraissent être), supposition manifeste-
ment absurde. Il est évident qu'une chose qui déguise sa nature, qui paraît être ce qu'elle n'est pas,
se condamne par là elle-même, prouve elle-même
son anomalie et, par contre-coup, la validité des
normes auxquelles elle paraît être conforme. Or,
nous voyons que, dans le monde de l'expérience,
aucune chose ne peut exister sans se déguiser, sans
paraître faussement une substance et un bien; c'est
par cette déception que le monde dure et subsiste.

On voit donc que la question concernant un
absolu, distinct du monde et manifesté seulement
par les normes qui nous sont innées, ne se perd
nullement dans les nuages d'une métaphysique
abstraite, qu'elle touche de près à tout ce que
nous connaissons et à ce que nous sommes nous-
mêmes : elle intéresse la logique, la morale, la
psychologie et même la physique, qui, de nos
jours, a la prétention de passer elle-même pour
une métaphysique, tantôt ouvertement, sous les
noms de monisme et de matérialisme, tantôt d'une
manière déguisée, sous les noms de positivisme et
d'agnosticisme.

Nous terminerons cette étude et tout ce petit recueil par quelques observations générales sur la
méthode qui convient à la philosophie. Les conditions indispensables pour la constitution de la philosophie sont les suivantes :

1° Rechercher avant tout et par-dessus tout la

certitude immédiate, et pour cela constater soigneusement, d'une part, les faits eux-mêmes comme ils nous sont donnés immédiatement, et, de l'autre, le sens clair et précis des normes fondamentales, évidentes par elles-mêmes, dont la présence dans notre esprit fait de nous des êtres moraux et raisonnables. Ces normes sont seulement au nombre de deux : la norme logique, sans laquelle il n'y aurait point de pensée logique ni de certitude rationnelle, et la norme morale, sans laquelle il n'y aurait point de vraie moralité ni de religion digne de ce nom.

2° Ne pas chercher à expliquer les faits.

Quoique les choses de ce monde soient obscures et incompréhensibles, nous pouvons néanmoins, en reconnaissant leur nature véritable, faire en sorte que dans notre pensée elle-même tout soit ordre et clarté ; tandis que si l'on cherche à expliquer les choses, non seulement on n'y réussit jamais, mais on porte encore le trouble et le désarroi dans le domaine de la pensée elle-même, en y entassant des contradictions logiques et de fausses représentations des faits. Mais, ce qui est bien digne de remarque, l'impression première est précisément l'opposé de cela. A une vue superficielle, les philosophies qui cherchent à expliquer les choses, à rendre compte de leur nature, paraissent plus lumineuses et plus acceptables que celle qui se borne à constater les faits tels qu'ils sont. C'est que ces philosophies cherchent à voiler le caractère incompréhensible des choses, tandis que l'autre le met dans tout son jour, et ainsi les obscurités et les difficultés inhérentes aux choses elles-mêmes semblent, à première vue, des défauts de la doctrine qui est le miroir fidèle des choses. C'est un des malheurs de notre condition anormale que le contraire du vrai apparaît souvent comme le plus vraisemblable et le plus acceptable. Mais, demandera-t-on, comment la pensée, n'étant que le miroir des choses, peut-elle avoir un ordre et une clarté qui en sont en quelque sorte indépendants ? C'est que la pensée possède une norme, innée et élevée au-dessus de la nature physique, qui est un foyer supérieur d'ordre et de lumière. La pensée n'est pas seulement le miroir des choses, elle en est aussi le juge ; et même elle ne peut pas être l'un sans être l'autre, parce que les choses nous déguisent leur nature véritable, de telle sorte que la vérité, c'est-à-dire l'accord logique de la pensée avec les choses, est une conquête de la pensée sur les choses. Notre tâche principale est précisément de cultiver la faculté merveilleuse qui nous est donnée de nous élever au-dessus de nous-mêmes et des choses de ce monde.

TABLE DES MATIÈRES

BESANÇON. — IMPRIMERIE DE PAUL JACQUIN.

www.ingramcontent.com/pod-product-compliance
Lightning Source LLC
Chambersburg PA
CBHW070351090426
42733CB00009B/1369